Td⁵ 104

T. 2660.
O.x.p.

MÉMOIRES ET OBSERVATIONS

DE MÉDECINE

ET

DE CHIRURGIE.

MÉMOIRES ET OBSERVATIONS
DE
MÉDECINE ET DE CHIRURGIE
PRATIQUES,

Par JEAN DECOUX, de Treignac
(CORRÈZE),

Docteur en Médecine,
Membre de la Société anatomique de Paris.

« Qu'est l'observation, si on ignore là où siége le mal ? »   BICHAT.

« Si tu ne peux pas lire beaucoup, observe : tu apprendras par toi : ça vaut presque autant, si ça ne vaut pas mieux. »

(*Voyage épisotique dans les Alpes.*)

Tulle,
IMPRIMERIE DE J.-M. DRAPPEAU, IMPR. DE LA PRÉFECTURE.

1842.

Pourquoi cette manie de se faire imprimer?

— J'avais à Paris d'excellents condisciples ; ils avaient tous un bon esprit d'observation, l'amour de l'étude, et sans doute une autre vertu, le désir de grandir ! A notre douloureuse séparation, nous nous promîmes de nous revoir, lorsque chacun de nous aurait donné ses fruits à la science.

Si l'injuste et ingrate fortune me retient éloigné de ces rares amis, que je puisse au moins leur communiquer les pensées que m'ont inspirées ma passion pour le bien, mon dévouement à l'humanité !

C'est dans ce seul but que je livre ces quelques pages à la publicité. Trop heureux, si elles peuvent être auprès de mes concitoyens une preuve que la sollicitude que je leur ai vouée a toujours fait mon bonheur le plus pur, mon occupation la plus douce !

J'apporte donc mes premiers travaux, non pas tels qu'on pourrait les désirer, mais vrais et sévères, comme l'observation qui les a fournis ; et je les rends à mes amis, à mes maîtres, à la science.

J. Decoux,

d. m. p.

PREMIER MÉMOIRE.

Du Hoquet. (*Singultus.*)

Loin de nous la prétention de faire une monographie complète de cette singulière affection ; notre seul but est d'introduire, au milieu de ces généralités, quelques réflexions sur ses causes, sur son traitement, et l'observation de quelques malades, qui furent pour nous le sujet de méditations sérieuses et intéressantes.

Chacun sait ce qu'on entend par le mot *hoquet.* Suivant Boerhaave, il est produit par une contraction convulsive de l'*œsophage*, qui tire en haut l'*estomac* et le *diaphragme*, tandis qu'en même temps ce muscle est porté en bas par une contraction subite.

D'après Buchan, le hoquet est une affection *spasmodique* ou une *convulsion de l'estomac* et du *diaphragme*, occasionnée par tout ce qui peut irriter les fibres nerveuses de ces parties.

M. Raige-Delorme (*Dic. de Méd.*) le définit un mouvement convulsif d'inspiration, accompagné d'un son rauque non articulé ; mouvement qui se produit ordinairement plusieurs fois de suite, à de courts intervalles, et détermine des secousses plus ou moins pénibles dans les organes de la poitrine ou de l'abdomen, quelquefois même dans tout le corps. Selon cet auteur, ce phénomène consiste en une contraction subite et involontaire du diaphragme, qui produit une inspiration rapide et incomplète, suivie d'abord d'un bruit particulier et immédiatement d'une expiration naturelle.

Plusieurs auteurs modernes paraissent le faire dépendre d'une irritation du pharynx et de l'estomac.

Quoi qu'il en soit, le hoquet est le plus souvent un phénomène purement accidentel, produit par une cause instantanée, légère, et cessant peu de temps après. Un hoquet habituel est l'indice d'une irritation intense d'un des organes thoraciques ou abdominaux. Sa durée est très-incertaine : il persiste quelquefois pendant plusieurs jours, pendant des semaines, des mois, des années : car on l'a vu durer jusqu'à 30 années (Duplanil). Quelques sujets bilieux ou bilieux-sanguins, atteints probablement d'une conformation particulière de l'estomac ou de l'œsophage, etc., sont incommodés toute leur vie d'un hoquet habituel. Il serait bien à désirer que des autopsies nombreuses vinssent à apprendre à quelles affections ou anomalies cette singulière indisposition peut être rapportée.

Les causes du hoquet sont : une réplétion immodérée ou trop prompte de l'estomac, surtout après une abstinence un peu prolongée ; l'usage de fruits acerbes, d'aliments secs ou visqueux, pris avec voracité ; l'embarras gastrique ; une indigestion ;

l'usage de boissons froides, de liqueurs fortement alcoolisées; la sensation du froid aux pieds ou à l'épigastre; une vive affection de l'ame, la colère, la surprise ou la terreur; la gastrite; la gastro-entérite; une hernie étranglée ou réduite avec son étranglement; l'hépatite; la présence de vers, de corps étrangers, dans le tube digestif; des matières fécales, durcies en masses volumineuses, mêlées quelquefois de pépins ou de noyaux de fruits, après avoir occasionné une constipation opiniâtre, ont fini par déterminer des hoquets fréquents, au milieu des autres symptômes, vomissements, fièvre et délire. Les inflammations de la plèvre et de la portion du péritoine qui revêtent les faces supérieure et inférieure du diaphragme, en s'opposant à la liberté du mouvement de ce muscle, donnent assez souvent lieu au hoquet. Une collection de pus, de sang, de sérosité, qui pèse sur le diaphragme, comme j'ai eu occasion de l'observer sur un jeune cultivateur; une plaie pénétrante de l'abdomen; l'usage de substances vénéneuses; les tumeurs inflammatoires et squirreuses de l'estomac, des intestins, de la vessie, du diaphragme; les hydatides du foie, comme le prouve la 2e observation, recueillie à la maison royale de Santé, faubourg St-Denis; la suppression des hémorrhoïdes, des règles, etc.; la rentrée de l'érysipèle et autres maladies de la peau; la répercution de la goutte; certaines lésions du système nerveux cérébral et ganglionaire; l'hydrocéphale aiguë et chronique (Jadelot, *Journal de Méd.*, année 1808, et Pinel, Nosogra. philoso., tome III). Telles sont enfin les causes les plus communes du hoquet, ou plutôt telles sont les maladies dont le hoquet est quelquefois au nombre des symptômes.

Nous l'avons déjà dit : on peut observer un hoquet assez fréquent pendant la durée de plusieurs affections de l'appareil digestif. Dans ces cas surtout, il paraît principalement prendre de la gravité vers les derniers moments de la maladie: il faut le dire : il semble sonner la dernière agonie; ce qui l'a fait nommer *le hoquet de la mort*. Aussi Hippocrate lui-même a-t-il établi, sur la nature et les causes du hoquet, des principes de pronostic que l'expérience des siècles n'a fait que confirmer.

Les hémorrhagies abondantes peuvent être suivies de hoquet :

Une femme de la campagne, âgée de 55 ans, mère de plusieurs enfants, atteinte depuis trois ans d'un polype utérin, qui déterminait des ménorrhagies fréquentes et excessives, était aussi, depuis l'affection de matrice, sujette à un hoquet fatigant. Mais le hoquet et les pertes utérines cessèrent après l'opération heureuse que je pratiquai dans les premiers jours de juin 1838.

Qu'il me soit permis de dire ici combien est facile cette opération à laquelle répugnent de se soumettre un grand nombre de malades. Ces misérables préfèrent dépérir chaque jour ; les unes meurent *exsangues* et d'inanition, au milieu des langueurs et des souffrances générales ; d'autres succombent avec tous les signes d'une phthisie de poitrine : tous accidents terribles qu'une opération faite à propos aurait sans doute conjurés !

Je le dis en passant : le polype utérin dont je parle était de la grosseur et de la forme d'une petite poire ; son implantation avait lieu au fond de la matrice, et l'extirpation en a été faite sans effusion d'une once de sang, avant même que la malade en ait eu la conscience. Je ne fais, du reste, que citer ce cas, qui pourra mieux trouver place dans un autre travail.

C'est enfin chez les personnes nerveuses, irritables, qu'on observe le plus souvent cette singulière et bizarre affection. Je pourrais, à ce sujet, faire l'histoire d'un grand nombre de femmes : les unes maigres et sèches, à la peau blanche et fine ; les autres aux formes plus arrondies, mais dont la chair molle et le teint jaune-pâle témoignent assez haut le mauvais état de leur constitution ou de leur frêle santé qui s'en va dépérissant. Qui de nous n'a pas observé, surtout dans nos grandes cités, de ces femmes qu'inhumainement on dit *vaporeuses ?* Qui de nous, étant le témoin de leurs souffrances, n'a pas souffert pour elles de ces nausées, de ces hoquets aussi, qui accompagnent même un repas de la plus facile digestion ? Que faudrait-il pour mettre fin à tous ces accidents ? L'habitation à la campagne, de l'exercice, des courses, et je dirai du travail au grand air, modifieraient bientôt cette économie languissante ; les repas légers seraient bientôt insuffisants, et une nouvelle vie, riante de santé, leur serait bientôt acquise.

D'après ces considérations générales, le hoquet doit naturellement se diviser en hoquet *simple*, ou *symptomatique*, ou *essentiel*. Nous adoptons cette triple division, qui semble devoir apporter une parfaite lucidité dans l'étude de sa thérapeutique.

§ Ier.

Traitement du Hoquet simple et passager.

Un hoquet léger cesse de lui-même : on hâte sa disparition en provoquant l'éternuement par une poudre sternutatoire de tabac ou d'ellébore, etc. ; en prenant un peu de vinaigre pur sur un morceau de sucre ; en buvant, sans perdre haleine, un grand verre d'eau froide ; en avalant de la glace par petits morceaux ; en s'abstenant de respirer pendant le temps le plus prolongé possible ; en fixant très-fortement son attention sur un tout autre objet ; l'annonce d'une nouvelle fâcheuse ou joyeuse, la frayeur, la colère, le font cesser. Si le hoquet dépend de ce qu'on a avalé trop vite, et que les aliments se soient accumulés dans l'œsophage, on le fait cesser à l'instant en frappant avec la main de petits coups sur le devant du sternum ou entre les deux épaules, en avalant d'un seul trait un verre de liquide froid ou tiède. Par l'un ou l'autre de ces deux derniers moyens, on fait tomber dans l'estomac les aliments arrêtés dans l'œsophage : la cause et l'effet cessent ensemble.

Lorsque, sans cause appréciable, le hoquet survient hors le temps du repas, une surprise, une crainte ou une joie subite, comme nous l'avons dit, en débarrasse sur-le-champ.

Plusieurs de ces moyens de guérir viennent aussi d'être énumérés parmi les causes ordinaires de cette affection. N'est-ce pas le cas de dire qu'ils peuvent en être tour-à-tour et la cause et le moyen curatif? Je n'ose achever ce rapprochement : ce serait presque de l'*homéopathie*.

Ayant été pris moi-même plusieurs fois, en rase campagne, d'un hoquet fatigant; faute d'eau, de boisson ou de tout autre moyen, je suis descendu de cheval, et une pierre prise dans le chemin, et que j'ai appliquée à nu sur l'épigastre, a paru, par la sensation de froid qu'elle a déterminée, me débarrasser de cette insipide incommodité. Une autrefois, la mastication d'un morceau de bois sec me parut en avancer la disparition. Je me permets d'indiquer tous ces petits moyens, quelque incertains qu'ils paraissent; parce qu'il n'est peut-être pas d'indisposition plus commune pour la plupart des hommes : elle attaque à toutes les époques de la vie, et souvent même au milieu des apparences d'une santé parfaite.

§ II.

Traitement du Hoquet symptomatique.

Il cède pour l'ordinaire aux remèdes propres à la maladie dont il est le symptôme. Dépend-il d'un embarras gastrique ou de la présence des vers dans le canal digestif, employez dans le premier cas un émétique et un anthelminthique dans le second. Est-il produit par la gastrite, la gastro-entérite, l'hépatite, etc., ce sont ces affections qu'il faut combattre par un traitement approprié. Est-il dû à la suppression des menstrues, des hémorrhoïdes, rappelez ces évacuations. Lorsqu'il est occasionné par des aliments venteux ou de difficile digestion, un verre de bon vin, de liqueur ou d'eau-de-vie, en est le remède infaillible.

Comme à-peu-près toutes les névroses, le hoquet peut devenir une affection entretenue par l'habitude; on le fait cesser en maintenant la guérison, pendant quelque temps, par les moyens utiles; ou bien, s'il a pris un type intermittent, en interrompant la périodicité par le quinquina ou ses préparations.

Le hoquet évidemment symptomatique est amélioré et quelquefois suspendu ou guéri par les moyens qui réussissent, quand il est l'effet d'une cause légère. (*Voir le § précédent.*)

§ III.

Traitement du Hoquet essentiel et opiniâtre.

C'est au hoquet qui résulte de l'affection du système nerveux qu'a été donné le nom d'*essentiel*. On le combat par les *antispasmodiques*, tels que l'éther, le camphre, l'eau de fleurs d'oranger, les sels de morphine, le sous-nitrate de bismuth, le musc principalement, etc.; quelquefois les émissions sanguines générales ou les sangsues à l'épigastre; les vésicatoires au cou ou au creux épigastrique; les boissons à la glace; la glace avalée par petits morceaux; les bains froids ou tièdes. L'application du cautère actuel sur la région de l'estomac, essayée chez deux sujets atteints de hoquet grave, à caractères chroniques, a obtenu deux guérisons radicales entre les mains du savant Dupuytren. On se trouve bien de la potion suivante :

PRENEZ : Eau commune............ 90 grammes.
————— de fleurs d'orange 60 *Idem.*
Sirop de guimauve..... 30 *Id.*
Éther sulfurique....... 2 *Id.*

M. S. A.

Si le hoquet devient opiniâtre, on emploie le musc qu'on donne à la dose de cinq à dix décigrammes (dix à vingt grains), et dont on fait un bol avec du sirop.

On peut avoir recours aux moyens suivants : application d'un emplâtre de thériaque de Venise sur la région de l'estomac ; onction sur l'épigastre avec le liniment camphré, composé avec :

Camphre.................. 4 grammes.
Huile d'olive.............. 30 grammes.
F. S. A.

Onction sur la même région avec le mélange suivant :

Camphre...................... 4 grammes.
Laudanum liquide de Sydenham 2 grammes.
Jaune d'œuf.................. n° 1.
F. S. A.

Dégagement dans l'estomac du gaz acide carbonique : on prend pour cela un gramme d'yeux d'écrevisses réduits en poudre fine, le suc exprimé d'un citron et 124 grammes d'eau sucrée (4 onces) ; on fait le mélange en présence du malade, et on le lui fait avaler au moment de la plus forte effervescence. Le musc paraît le médicament le plus héroïque. On peut administrer aussi une forte infusion de feuilles d'oranger et d'une tête de pavot, refroidie à la glace et bue aussitôt.

Dans deux cas graves, où les malades souffraient extrêmement des secousses d'un hoquet pénible, et qui résistait depuis plusieurs jours à des moyens différents, le docteur Morillon employa avec succès le magistère de bismuth (sous-nitrate de bismuth), à a dose de 95 centigrammes (18 grains), divisés en trois paquets et pris chacun dans un verre d'eau sucrée, à une heure de distance. Chez l'un de ces malades, le hoquet avait déjà duré neuf jours, et quatre chez le second. Tous les deux étaient robustes, bien portants d'ailleurs, et les organes étaient sains. Chez tous les deux l'administration du remède fut immédiatement suivie d'une guérison radicale.

D'après la publication du docteur Carteaux, M. le professeur Cruveilher a complètement guéri, par l'ingestion d'une grande quantité d'eau froide, un hoquet périodique, contre lequel une infinité de traitements avaient été vainement employés. (*Journal de Méd. et de Chir. pratiques*, 1833, art. 712.)

Dans le même journal, à son article 754, on lit a note suivante : Le *Journal hebdomadaire* publie, d'après un recueil étranger, quelques observations sur les bons effets des vésicatoires appliqués autour du cou dans quelques cas de hoquets opiniâtres.

M. Shortt, d'Édimbourg, considère le hoquet comme purement de nature spasmodique, et il pense que sa cause prochaine est une irritation ou congestion, soit des nerfs phréniques, soit de leurs ganglions. Ce médecin a obtenu plusieurs succès en plaçant un vésicatoire vers l'origine et le long du premier trajet des nerfs phréniques, en l'étendant, à cet effet, presque tout autour du cou.

J'emprunte au même journal une observation curieuse, communiquée par le docteur H. Petit, médecin à Paris.

« Au mois de mai 1829, dit ce médecin, je fus appelé par une dame arrivée au deuxième mois de sa grossesse. Depuis sept heures elle était tourmentée d'un hoquet extrêmement fatigant, contre lequel on avait inutilement employé les potions opiacées, l'éther, les spiritueux, les frictions avec ces substances, les sangsues, etc. La malade avait les yeux hagards; le pouls était vif et petit, la suffocation imminente, tant le hoquet était fort et fréquent. J'envoyai chercher de la glace pour en faire prendre à l'intérieur. En attendant qu'on pût employer ce moyen, j'appliquai la main sur la région de l'estomac, et j'exerçai une forte compression. Le hoquet cessa comme par enchantement, et la malade respira librement. Au bout de dix minutes, le hoquet n'étant point survenu, je chargeai son mari d'exercer lui-même la compression, si le hoquet reparaissait. Effectivement il se manifesta de nouveau deux fois dans la nuit, et céda de suite au même moyen. Dans le courant de sa grossesse, cette dame fut prise trois fois des mêmes accidents, et se rétablit de la même manière. La compression exercée par un tampon ne produisit point de soulagement. »

Ainsi donc la *compression* de l'épigastre avec *la main*, et la main seulement, a fait cesser cette bizarre affection, qui avait résisté à des moyens aussi rationnels, en toute apparence.

Quoique je n'aie point la prétention de faire une monographie complète du hoquet, je me fais un agréable devoir de citer un fait extrait de la clinique de M. le professeur Bouillaud, et qu'a publié dans le *Journal hebdomadaire* M. le docteur Raciborski.

Un homme atteint d'un ictère depuis long-temps était aussi tourmenté, depuis trois jours, par un hoquet très-fatigant. Des ventouses scarifiées avaient été mises inutilement sur l'épigastre. Le 6 juillet, on appliqua un vésicatoire sur le même point; puis le lendemain, le hoquet ayant persisté, on enleva l'épiderme et on saupoudra la plaie d'un demi-grain d'acétate de morphine. Le 8, le malade était dans le même état. (Trois quarts de grain d'acétate de morphine.) Le 9, le hoquet était moins violent. (Même médication.) Le 10, le hoquet cessa vers les huit heures du matin. On continua le même traitement pendant quelques jours, en portant la dose d'acétate de morphine à un grain.

Chez une demoiselle âgée de 35 ans, d'une constitution très-sèche, éminemment nerveuse, atteinte depuis un an d'un hoquet opiniâtre survenu à la suite de quelques accidents du côté des voies respiratoires, et qui a résisté à tous les moyens, M. le docteur Carteaux a obtenu plusieurs fois des soulagements et même une guérison momentanée, en soumettant cette malade à la puissance du magnétisme animal.

Particulièrement pour ces hoquets essentiels, sous l'influence d'une modification nerveuse, devenus fréquents ou habituels et plus ou moins intermittents, comme les vraies névroses, dans ces cas, dis-je, je suis à me demander si l'électricité, administrée sous forme de *bain*, de *friction*, d'*étincelle* ou de *courant*, ne produirait pas des résultats satisfaisants.

Cette singulière affection résiste enfin quelquefois aux moyens les plus énergiques pour céder ensuite aux remèdes les plus simples et les plus faciles à employer. J'ai lu quelque part, dans les archives générales de médecine, je crois, l'observation d'un hoquet résistant depuis treize mois à toutes les ressources de l'art, qui céda comme par enchantement à l'usage d'eau pure, aiguisée avec quelques gouttes d'acide sulfurique.

Voici enfin le véritable tableau de mes observations personnelles.

Ire Observation.

Un campagnard âgé d'environ 34 ans fut pris, le 3 avril, d'une céphalalgie frontale, de malaise à l'épigastre, d'anorexie, de lassitudes générales : la langue se chargea d'un enduit blanc; la peau devint sèche et chaude; le pouls, petit et serré. Je fus appelé, le 6 avril, auprès du malade, et les symptômes gastriques qu'il offrait me déterminèrent à lui administrer un émétique. Je lui fis prendre un décigramme de tartre stibié dans cent-vingt grammes d'eau tiède en une dose. Deux selles et trois vomissements de matière verdâtre eurent lieu. Le malade fut mis à la diète et but abondamment une décoction d'orge édulcorée avec le miel récent. Il parut se rétablir un peu.

Le 11, il éprouvait encore de l'amertume dans la bouche et du malaise à l'épigastre. Il y avait constipation. Je lui administrai cinq centigrammes (un grain) d'émétique en lavage, qui déterminèrent plusieurs évacuations alvines.

Le 22, le malade étant toujours constipé, je cédai à ses instances et lui fis prendre un bol purgatif composé avec :

Crême de tartre............ 8 grammes.
Jalap en poudre............ 1 gramme.
Miel commun............... Q. s.

Ce bol donna lieu à deux selles. Dans la journée du 24, vers midi, le malade, après avoir mangé une soupe qu'il vomit, fut atteint d'un *hoquet violent*. Il est à remarquer que depuis plusieurs jours il vomissait la soupe, le bouillon de veau, de poulet, le lait, les pruneaux, etc.

Je fus mandé auprès de lui dans la nuit du 24, et je le trouvai dans l'état suivant : Hoquet violent et continuel, malaise à l'épigastre où il ne se manifeste aucune douleur considérable, pouls très-serré et à peine sensible, langue rouge à la pointe et sur les bords. La région de l'estomac n'est point douloureuse même à une forte pression. (Administration d'une potion où je fis entrer le laudanum liquide de Sydenham, l'eau de fleurs d'orange et l'éther sulfurique.) Suspension momentanée du hoquet ; infusion de fleurs de guimauve pour boisson, prise à froid.

Le hoquet reparaît de nouveau et persiste le 25 et le 26.

Je suis appelé le 26. Le malade était très-fatigué et fort alarmé de son état : il ne pouvait prendre aucun aliment sans le rendre aussitôt par le vomissement. La langue était toujours rouge à la pointe et sur les bords ; mais le malade disait ne pas ressentir la plus légère douleur à l'épigastre ; il persista à refuser une application de sangsues. Je le fis mettre dans un bain tiède où je fis jeter quelques poignées de son pour le rendre émollient. Le hoquet continue. Je le suspendais en appliquant fortement l'esprit du malade à quelque sujet qui l'intéressait beaucoup.

Le 27, j'ai de nouveau recours à une potion antispasmodique ; je prescris un bain tiède.

Le 28, le hoquet se manifeste avec plus de violence que jamais. Le malade se met dans le bain. Quelques instants après, il survient des nausées, et bientôt il se déclare un vomissement de matière noirâtre et fétide : le malade rejette trois litres environ de cette matière, et le hoquet cesse entièrement !...

La cause de ce hoquet, qui a duré quatre jours, consistait donc dans l'amas de cette matière noirâtre dans l'estomac ou dans une poche anormale, comprise peut-être dans les parois de ce viscère, matière qui pesait sur le diaphragme, et en déterminait les contractions continuelles. Comment cette matière n'a-t-elle pas été évacuée par les purgatifs ou les émétiques? Il est bien difficile de s'en rendre compte.

Le 5 mai, le malade était très-constipé; chute du rectum par suite des efforts qu'il fait pour rendre les excréments. (Lavement avec une décoction de mauve et de miel.) Le 8, la chute du rectum n'a plus lieu, et la convalescence est pleinement confirmée. Cet homme a joui depuis d'une parfaite santé.

IIme Observation.

Un ouvrier sellier, âgé de 41 ans, vigoureusement constitué et habituellement bien portant, entra, le 20 septembre, à la Maison royale de Santé, de l'administration des hôpitaux de Paris. Il souffrait depuis six semaines environ de tout le côté droit de la poitrine; la respiration était courte et gênée; du reste, il ne toussait ni ne crachait; mais il était souvent tourmenté par des quintes de hoquet; il avait peu d'appétit; cependant la nourriture qu'il prenait passait assez bien, et le hoquet, qui l'interrompait souvent dans ses petits repas, n'avait jusqu'ici jamais déterminé de vomissement. Le pouls était petit et fréquent; la peau, peu chaude; la langue légèrement couverte d'un enduit blanc-jaunâtre.

La cause de cette maladie était inconnue au malade.

Depuis long-temps il n'avait fait aucune imprudence. Interrogé sur le début de son mal, Il nous dit qu'il en avait été surpris au milieu de son travail; que d'abord il avait ressenti une douleur tantôt sourde, tantôt plus aiguë, dans le côté droit du thorax, et que le médecin qu'il avait fait appeler avait laissé croire qu'il était atteint d'un point de côté (pleurésie costale).

Avant son entrée à la Maison de Santé, on l'avait saigné une fois, et il avait été appliqué trente sangsues, en deux reprises, sur le lieu douloureux.

Outre les symptômes précédents, la poitrine, examinée le jour de son entrée à l'hôpital, offrait du côté droit un son mat qui s'étendait depuis la base du thorax jusqu'au niveau de la deuxième vraie côte. Dans toute cette étendue, en avant, en arrière et sur le côté, absence complète du bruit respiratoire. Mais, au-dessus de ce même point, sonorité bonne, et cependant murmure respiratoire très-obscur; également, dans tout le côté gauche, respiration faible et raisonnance très-claire.

Le jeune médecin très-instruit qui agissait en remplacement de mon ancien maître, le savant praticien M. Hervey de Chégoin, crut à l'existence d'un *épanchement pleurétique*, et, sans aucun doute, chacun de ses élèves se rendit à ce diagnostic.

On fit deux saignées de trois palettes, à deux jours d'intervalle. Un vésicatoire sur le côté douloureux; boisson émolliente; quelques demi-lavements; le quart de la portion d'aliments.

Sous l'influence de ce traitement, et peut-être aussi par suite du repos auquel était soumis le malade, la matité était déjà moins étendue, la raisonnance de la percussion commençait à se faire entendre au-dessous de la troisième vraie côte ; le malade était moins étouffé. Nous commencions avec lui à concevoir quelque espoir, lorsque tout-à-coup, le 31 septembre, sans cause appréciable, ce pauvre malade fut pris d'un hoquet qui détermine des envies de vomir, et subitement il se fait sentir dans tout le ventre une vive douleur : l'abdomen se gonfle à vue d'œil ; les vomituritions persistent, et bientôt tout le corps est couvert d'une sueur froide et visqueuse. Rien ne peut amender ces symptômes alarmants. Ce malheureux expira dans douze heures de temps au milieu de douleurs déchirantes.

Autopsie. A l'ouverture du cadavre faite 24 heures après décès, nous trouvâmes la cavité abdominale remplie d'une sérosité claire et citrine. Les intestins flottaient au milieu de ce liquide. Nous croyions encore à la valeur du diagnostic ; nous nous disions : l'épanchement du thorax s'est fait jour dans le ventre, probablement à la suite d'une perforation du diaphragme. On évalua à trois litres la quantité de ce liquide ; on en vida le ventre, et nous cherchâmes avec soin et le siége primitif de cette sérosité et le trajet qu'elle avait suivi. Pour cela, on acheva d'enlever le plastron qui forme la paroi antérieure du thorax, en suivant les règles ordinaires de la nécropsie. Nous trouvâmes que le poumon droit n'occupait que le quart supérieur de la place qu'il tient ordinairement. Les trois quarts inférieurs de la cavité thoracique droite étaient remplis par une tumeur que coiffait le diaphragme refoulé ; la face inférieure du poumon était adhérente à la face supérieure du diaphragme. Du reste, ce poumon petit, resserré et refoulé au sommet du demi-cône thoracique, paraissait parfaitement sain.

En comprimant cette tumeur, nous fîmes rejaillir dans le ventre une assez grande quantité de la sérosité déjà décrite. En abaissant les intestins, nous trouvâmes le foie adhérent à toute la face inférieure du diaphragme ; vers le milieu du bord postérieur du foie, tout près du contact de ce bord avec les piliers du diaphragme, on remarquait une crevasse qui permettait à l'index et au médius réunis d'entrer dans une cavité considérable. Les bords de cette crevasse paraissaient ulcérés dans plusieurs points ; on y remarquait aussi des endroits saignants ou fraîchement déchirés ; par le tiraillement du diaphragme, il semblait que cette ouverture se laissait distendre. Toute cette cavité était creusée par le parenchyme du foie.

Nous détachâmes avec soin toute la pièce pathologique, toutefois en conservant les parties des organes voisins qui avaient contracté des adhérences avec ce viscère. Nous coupâmes la face inférieure du poumon droit, et nous disséquâmes les insertions costales du diaphragme et le foie dans leur totalité.

Sur plusieurs points de la face externe du foie et du diaphragme existaient des incrustations cartilagineuses. Ces plaques, dont quelques-unes avaient 28 à 30 millimètres de largeur, criaient sous le scalpel comme le cartilage; plusieurs étaient déjà de la dureté de l'os.

Par une incision faite sur la face inférieure du foie, en évitant d'y comprendre la crevasse accidentelle, nous pûmes examiner cette cavité dans laquelle nous trouvâmes une hydatide du volume d'un gros œuf de dinde. Cette cavité contenait encore quelque peu de sérosité, et son intérieur était tapissé par une fausse membrane blanche assez épaisse et consistante. Le tissu du foie était plus serré et plus dur qu'il n'est à l'état normal. Rien de particulier pour la veine cave. Les conduits biliaires, la vésicule et la veine porte, ne présentaient non plus rien de remarquable, si ce n'est qu'ils semblaient perméables dans toute leur étendue.

Ce n'était donc point à un *épanchement pleurétique* que nous avions affaire, mais bien à une *tumeur hydatide* qui avait envahi la presque totalité du foie, et avait refoulé le diaphragme dans la cavité du thorax.

Tous les hommes de l'art comprendront sans doute combien il était facile de s'y méprendre. Est-il supposable que tous ces désordres se soient faits en si peu de temps? Qu'il est à regretter qu'on n'ait pu obtenir du malade des renseignements plus nombreux et mieux circonstanciés! Quoi qu'il en soit, voilà une affection grave durant laquelle un hoquet fréquent s'est manifesté. C'est à cette occasion que nous rappelons ce fait ; et que ne pouvons-nous le donner avec tous les détails qu'il mériterait ! Faute d'une assez grande quantité d'alcohol pour la conserver, la pièce pathologique s'est trouvée entièrement corrompue, au moment où je me proposais de l'offrir à la Société anatomique de Paris, dont j'ai l'honneur de faire partie.

IIIme Observation.

M. N..., d'une constitution robuste, d'un tempérament sanguin, d'un caractère irritable, avait joui de la plus brillante santé jusqu'à l'âge de 28 ans. A cette époque, à la suite de quelques écarts dans le régime, se déclarèrent les commencements d'une gastrite que trahissaient, dans sa marche chronique, des pesanteurs d'entrailles, des douleurs plus ou moins vives autour du nombril, et parfois des tiraillements qui se portaient surtout dans la région des reins et vers la base de la poitrine, le long du rachis. Cependant cet état était encore supportable ; s'il arrivait que ces souffrances se fissent sentir plus aiguës, le malade semblait trouver du soulagement dans des repas copieux, et qu'il renouvelait souvent pour en obtenir le même résultat.

Cependant ce jeune homme venait de contracter un mariage ; ses occupations devinrent plus grandes, et des inquiétudes qui suivirent un dérangement de fortune conduisirent sa maladie à son comble. On lui conseilla un éméto-cathartique composé avec sulfate de soude, soixante-deux grammes (2 onces) ; émétique, seize centigrammes (3 grains). Ce remède violent produisit une superpurgation des plus abondantes qui parut être suivie de quelque soulagement.

Un peu plus tard, la maladie reprenait toute son intensité première, et alors se dessinèrent, dans toute la vérité, les symptômes d'une gastro-entérite des plus cruelles. Le malade perdait petit à petit un embonpoint qui était vraiment remarquable pour un jeune homme de son âge. Une heure ou deux après chaque repas survenaient des *aigreurs*, des *nausées*, des *flatuosités* d'estomac et des intestins, des quintes d'un *hoquet* des plus fatigants. Les aliments les plus légers ne passaient déjà plus sans causer des coliques vives et souvent des douleurs déchirantes, que le malade cherchait à éviter par la diète la plus longue. M. N... était sujet, depuis une dixaine d'années, à un flux hémorrhoïdal abondant et fréquent, qui fut supprimé à l'apparition de ces fâcheux accidents. Depuis long-temps il y avait des vomissements fréquents ; les bouillons légers, la tisane de gomme, d'orge ou de riz, pris à chaud ou à froid, n'étaient même plus supportés qu'avec peine. Enfin les idées les plus noires s'étaient emparées de ce malheureux malade, qui, dans le fort de ses douleurs, avait eu souvent à lutter contre un désespoir affreux. Sans ma femme et mes enfants, me disait-il, je me serais donné *la mort*.

Vers le milieu du mois de mars 1841, M. N... vint me consulter. Après un examen attentif des parois abdominales, je crus reconnaître dans la cicatrice de l'ombilic une petite grosseur que je pris pour un commencement de hernie. Un pincement de la face antérieure de l'estomac ou d'une autre portion du tube digestif semblait pouvoir expliquer les accidents observés; mais je ne fis que croire à la découverte de cette hernie. Il me paraissait bien que je faisais rentrer une petite grosseur; qu'à sa place je trouvais au bout du doigt explorateur un pertuis, une petite cavité. Mais, dis-je, les parois du ventre étaient encore assez graisseuses et charnues pour que je ne fusse pas complètement convaincu. Pour obtenir la conviction désirée, je fis construire une ceinture en peau, doublée de flanelle et portant à son milieu un petit renflement conique; mais l'application de ce bandage ne diminua en rien les accidents ordinaires.

Le 5 février, survint subitement un vomissement abondant de matière noire-rouge, couleur de marc de café, et dans laquelle on remarquait des caillots de sang. Je fus appelé dans ce moment auprès de M. N... que je trouvai en proie aux douleurs les plus déchirantes, douleurs, qui, partant du creux épigastrique, se dirigeaient dans tous les rayons de la cavité abdominale. La figure était pâle; restait seulement aux deux pommettes une petite rougeur bien circonscrite, trace restante d'un teint vermeil qui décorait autrefois une santé heureuse et robuste. Le pouls était petit et fréquent ; le corps était couvert d'une sueur moite.

On enleva la ceinture, et je fis à l'instant appliquer vingt sangsues à l'épigastre. On eut recours à une potion anti-émétique assez fortement opiacée. Par plusieurs reprises on revint à de nombreuses applications de sangsues, tantôt à la région de l'estomac, tantôt à l'anus, soit pour remplacer les hémorrhoïdes supprimées, soit pour rappeler cette perte habituelle. La diète la plus sévère fut observée pendant quelques jours ; on revint ensuite à la tisane de gomme, d'orge, de riz, etc. ; aux bouillons de veau, au lait de vache coupé avec la tisane d'orge ; enfin à quelques aliments maigres, tels que crèmes et bouillies de farine de froment, de riz, d'avénat, etc. ; au racahout des Arabes. Les lavements, les cataplasmes émollients sur le ventre, les bains entiers de deux heures chaque, pris tous les jours, aidaient souvent aux sangsues, qu'on appliquait tantôt à l'anus, tantôt à l'épigastre. Mais, de tout cela, la diète absolue des aliments gras et solides était ce qui le soulageait le mieux avec les bains dans lesquels le malade éprouvait un bien-être qui l'engageait au sommeil. Plusieurs fois nous essayâmes sans succès les calmants et les antispasmodiques de diverses espèces.

Au douzième bain apparut une tumeur sur le côté droit du nombril. Dans quelques jours elle se dessina mieux : elle prit de l'élévation et une forme conique, dont la base dure et de trois centimètres (un pouce et demi) de largeur semblait avoir une racine profonde. M. le docteur Bayle pensa avec moi que cette tumeur communiquait profondément avec les organes du ventre.

Cette tumeur s'est deux fois ouverte spontanément dans l'espace d'un mois environ. Je fus enfin obligé d'en faire une fois la ponction au moyen du bistouri, et six jours après elle était entièrement cicatrisée. La matière qui en sortit chaque fois était un pus jaune, épais, sans aucune mauvaise odeur. Le malade continua à prendre quelques bains pendant la durée de cette tumeur, dont la guérison fut suivie d'un soulagement évident : l'appétit était revenu, les aliments étaient facilement digérés ; mais les accidents reparurent, lorsque le malade se mit à manger abondamment, plusieurs jours de suite, des mets de son goût et principalement des viandes accommodées à l'oseille.

Nous étions près de la fin de mars. Dans le courant du mois de mai, nous revînmes à un régime sévère, et nous conseillâmes le lait d'ânesse, qui fut pris vingt jours environ, sans aucun bénéfice apparent. Pendant les mois de juin et de juillet, le malade se promenait un peu. Il alla consulter M. le docteur Bouteilloux, de Limoges, qui, d'accord avec nous, l'engagea à essayer les eaux de Vichy prises sur les lieux.

Le malade passa, en effet, les 24 premiers jours du mois d'août dans cet établissement. Cinq jours avant de prendre ces bains thermaux, il buvait tous les matins trois grands verres d'eau de l'*hôpital*, édulcorée avec du sirop de gomme. Il a été pris ensuite dix-huit bains sans interruption, et toujours la même quantité d'eau, mais sans addition de sirop de gomme. Au quinzième bain, on remarqua une amélioration sensible, et depuis cette époque, M. N... a commencé à se relâcher du régime sévère auquel nous l'avions obligé. L'embonpoint revient chaque jour; le hoquet s'est dissipé; toutes ses fonctions s'exécutent à merveille. Au moment où nous rédigeons ces lignes, nous venons d'examiner le siège de l'abcès des parois du ventre, et nous n'y trouvons pas trace de l'engorgement, qui formait sa racine profonde.

IVme Observation.

Les erreurs et difficultés de diagnostic que nous venons de rencontrer dans les cas précédents me conduisent à publier ici un fait intéressant, que la délicatesse et des circonstances particulières m'ont encore obligé de garder dans le secret du cabinet.

Etienne V..., portier, âgé de 69 ans et demi, portait depuis quinze ans un bandage double pour une hernie inguinale du côté droit : il paraissait qu'il avait eu un commencement de hernie du côté gauche. Ce malade ôtait son bandage lorsqu'il se mettait au lit, et s'il lui arrivait que la tumeur vînt à sortir, il la réduisait lui-même avec facilité.

Vers le 10 août, sans cause connue, cet homme en se levant s'aperçut que l'application du bandage était douloureuse : sa hernie, nous dit-il, ne pouvait plus rentrer. Le bas-ventre commençait à devenir sensible. On appela un médecin qui crut reconnaître dans la tumeur une *hernie* qu'il regardait comme *engouée*, mais pour laquelle il ne voulut rien décider sans l'intervention d'un autre chirurgien. La consultation fut refusée, et le malade conduit en voiture, le 10 août, dans un des hôpitaux de Paris où j'étais élève. Ces renseignements m'ont presque tous été donnés par un des fils du malade.

Cette tumeur, au moins du volume d'un gros œuf de dinde, était très-peu douloureuse au toucher; légèrement compressible, piriforme, pédiculée, elle existait sans aucun changement de couleur à la peau. Son pédicule, d'un pouce environ de diamètre, s'étendait dans le trajet du canal inguinal; on pouvait même plus haut, à travers les parois du ventre, sentir sa continuation avec les parties contenues dans cette cavité. Sa base avoisinait de très-près le testicule et l'épididyme qu'on distinguait encore facilement. Le malade continuait d'accuser quelques douleurs dans l'abdomen, douleurs qui augmentaient par une pression légère. La langue était sèche et blanche;

le ventre tendu, balloné; le malade était par intervalle fatigué par des vomituritions et des quintes de hoquet; le pouls était encore simple et régulier; la respiration assez facile; la peau moite et sans trop de chaleur; la face exprimait cependant l'angoisse propre aux affections abdominales.

Après avoir laissé reposer ce malade une demi-heure environ, on pratiqua un taxis continu durant sept quarts d'heures. Cette opération amena la tumeur à un volume moindre; mais il fut impossible de la réduire complètement. La partie restante était si dure qu'on commença à craindre de ne pouvoir la réduire. Pour conserver le petit bénéfice qu'on venait d'obtenir, on appliqua un bandage contentif, au moyen de quelques compresses et d'une bande.

Le lendemain, 19 août, le malade présentait à peu près le même état que la veille. Le ventre était cependant un peu plus douloureux. Le malade avait eu le matin deux petites selles liquides; il avait vomi aussi plusieurs fois, par gorgées, un liquide jaune verdâtre. On reprit le taxis, et on le continua trois heures et demie de suite. Mais la tumeur ne rentrait ni ne diminuait: on se décida pour le débridement.

L'opération fut pratiquée à une heure et demie; elle dura demi-heure.

Quel ne fut pas l'étonnement du chirurgien et de ses aides, lorsqu'au lieu d'une *hernie étranglée*, on ne trouva qu'une *tumeur* dure, volumineuse, et qu'on incisa, couche par couche, dans toute sa longueur, croyant bien que c'était le sac épaissi et induré d'une hernie ancienne. On pouvait espérer d'y trouver une anse d'intestin nouvellement engagée, ce qui aurait expliqué une partie des symptômes. Mais on arriva avec précaution jusqu'au centre de la tumeur qui était creux, et ne contenait autre chose qu'une petite quantité de sérosité roussâtre.

Il ne paraissait plus y avoir de doute, et l'on crut qu'il n'y avait pas de hernie, mais une tumeur du cordon. On crut devoir disséquer cette tumeur, et l'on emporta en même temps le testicule qui adhérait à sa partie inférieure. Fallait-il conserver cet organe? Mais, outre que c'était chose fort difficile, pour ne pas dire impossible, ce sacrifice était bien petit pour un vieillard aussi décrépi. Du reste, tout le cordon était confondu avec la tumeur; et pouvait-on réséquer celle-là sans emporter l'autre? C'était impraticable. La tumeur cependant ne fut pas enlevée en totalité; la partie qui se prolongeait dans le canal inguinal n'aurait été disséquée que très-difficilement: aussi on l'y laissa avec ses adhérences, comme pour servir de bouchon. La tumeur ne paraissait nullement de mauvaise nature, et, en laissant cette partie, on ne s'exposait à aucun danger; seulement on évitait la ligature de l'artère spermatique; on diminuait les dangers de l'opération en en abrégeant l'étendue et la durée, et, dans le cas de guérison, on mettait le malade tant soit peu à l'abri de la formation d'une nouvelle hernie. Pendant toute l'opération on lia seulement trois branches de l'artère sous-cutanée abdominale ou de l'artère honteuse externe ; on lava la plaie avec de l'eau fraîche. Il y avait une hémorrhagie par les capillaires ; on tamponna avec de la charpie ; on plaça par-dessus des compresses un bandage en T, et le malade fut reporté dans son lit.

Le chirurgien, voulant relever les forces du malade, lui prescrivit une potion de cent-vingt grammes, dans laquelle entrait quatre grammes d'extrait de quinquina ; il y fit ajouter aussi cent gouttes de Laudanum liquide de Sydenham. « Il se proposait, à l'aide « de ce médicament, d'empêcher la réaction inflam- « matoire qui suit ordinairement les grandes opéra- « tions. »

Toute la soirée de l'opération se passa très-mal : le râle commença à l'approche de la nuit, et le malade mourut le lendemain à six heures du matin.

Examen de la tumeur. La tumeur, ayant été lavée et essuyée, pesait, avec le testicule qui lui était uni, cent quatre-vingt-quatre grammes, sans parler de plusieurs morceaux qui avaient été réséqués pendant l'opération. Coupée dans sa plus grande longueur avec le bistouri, elle paraissait formée de couches diverses. A l'extérieur on trouvait une première couche d'une substance celluleuse, qui contenait dans ses mailles une assez grande quantité de sang épanché et coagulé; puis, au-dessous, une couche d'inégale épaisseur, selon les parties, d'une substance jaunâtre, dure, élastique, transparente dans divers points, plus opaque et moins consistante dans d'autres, ressemblant assez bien à la lymphe concrète. On trouvait enfin des couches de tissu cellulo-adipeux interposées entre les couches précédentes. On remarquait aussi quelques traces de fibres d'apparence charnues. N'oublions pas que cette tumeur était traversée par un assez grand nombre de vaisseaux volumineux qui donnèrent beaucoup de sang pendant l'opération, et qui rendirent celle-ci plus longue et plus difficile.

Le testicule et l'épididyme étaient sains et d'un volume normal. La tunique vaginale était également saine ; elle contenait cependant une cuillerée environ de sérosité limpide. Cette poche membraneuse se confondait sans ligne de démarcation avec le reste de la tumeur, et en diminuait de bien peu le poids que nous avons donné pour l'ensemble de ces parties.

En cherchant à isoler les différentes parties qui devaient entrer dans la formation de cette tumeur, il fut impossible d'y reconnaître les veines, artère et nerfs spermatiques. Les traces de fibres charnues qu'on remarquait à sa face antérieure et supérieure semblaient annoncer des restes du muscle crémaster.

Autopsie cadavérique faite le 21, à sept heures du matin, 25 heures après la mort.

Le crâne et le thorax n'ont pas été ouverts ; les parents n'ont pas voulu le permettre.

La cavité du péritoine contient une assez grande quantité d'un liquide séreux, sanguinolent, ramassé surtout dans le petit bassin. Tous les intestins sont distendus par du gaz; leur surface péritonéale présente çà et là des arborisations très-prononcées. Ces taches sont plus particulièrement placées sur les parties des intestins qui occupent le côté droit du ventre; elles sont plus rares sur le reste des parois abdominales. Près de la fosse iliaque droite, on trouve une portion du petit intestin d'une couleur rouge-livide. L'épiploon court, irrégulièrement chargé de graisse, intimement adhérent dans sa portion iliaque droite, se prolonge en bas dans le trajet du canal inguinal, et paraît se continuer avec le pédicule de la tumeur. En dehors et à droite, le cœcum est adhérent à la face externe du pédicule de la tumeur par des brides qui paraissent de formation assez récente, bien qu'évidemment très-antérieures à l'accident. La partie inférieure de cet intestin se trouve à-peu-près au niveau de l'anneau inguinal interne, et le doigt de l'opérateur, en glissant dans le canal pour s'assurer de l'orifice, est arrivé jusqu'au contact avec cette portion qui est rouge-noir de sang. On dirait même que cette partie d'intestin est moins forte et moins épaisse. L'artère épigastrique passait au-dedans du pédicule de la tumeur.

En disséquant la tumeur épiploïque, on trouve deux petits foyers purulents. L'épiploon est adhérent dans une grande partie de la région hypogastrique, et jusqu'à un pouce de l'ombilic. Dans ce point, les deux feuillets du péritoine sont adhérents, et la graisse épiploïque paraît se confondre avec la graisse sous-péritonéale ; cette masse semble faire aussi partie de la tumeur. Sa portion la plus externe paraît provenir d'une troisième partie formée par le péritoine postérieur qui recouvre le cœcum, et qui est également chargé de graisse. Ce pédicule adhère très-fortement au colon ascendant, et renferme une foule de petits foyers purulents. C'est dans cette partie qu'on peut bien suivre les vaisseaux du cordon.

Dans la fossette iliaque droite est un enfoncement qui mène dans l'anneau crural, mais qui est libre.

Du côté gauche, il y a un enfoncement de 28 millimètres environ du péritoine dans la fossette inguinale interne.

Dans la fossette crurale gauche, on remarque aussi un enfoncement de 35 millimètres, dans lequel s'est engagée une des franges graisseuses de l'S iliaque, et qui s'y trouve adhérente.

Le foie est petit ; la substance jaune y prédomine. Le vésicule est presque vide ; le peu de bile qu'elle contient est noirâtre.

Les autres organes abdominaux n'offrent rien de particulier.

C'est là du moins une autopsie d'une grande importance. Elle nous apprend en définitive que *cette tumeur était une hernie graisseuse épiploïque*, grossie par une accumulation de lymphe et de sang coagulés dans les couches du cordon. Cette hernie était ancienne ; le malade la portait depuis quinze ans. Mais il ne paraît guère probable qu'elle fût réductible dix jours avant le dernier accident. Ne pourrait-on pas supposer que ce malade se soit trompé, ou bien qu'il ait voulu nous tromper?

RÉFLEXIONS.

Pour ne pas allonger la matière, je ne ferai pas ressortir davantage les difficultés nombreuses que présentait ces quelques faits. J'ajouterai seulement que dans un diagnostic, quelque facile qu'il paraisse de prime abord, il faut toujours peser avec précision tous les signes qui se présentent.

Ainsi que nous venons de le voir, le hoquet peut se manifester comme symptôme dans les affections les plus diverses. Parcourons en effet le cadre nosographique le plus complet, et combien sera petit le nombre de ces affections heureusement caractérisées par ces signes certains, appelés *pathognomoniques!* C'est donc par l'examen sévère et l'appréciation exacte de chaque signe ou symptôme en particulier; c'est enfin, par l'ensemble et le rapprochement de tous, qu'on peut formuler un diagnostic vrai.

Dans les maladies locales, je veux dire dans celles qui portent sur un seul organe ou sur une seule région, suivies toutefois des symptômes généraux ou communs à toutes les affections de même ordre, pour faire, dis-je, leur diagnostic, il faut mentalement rappeler toutes les affections qui peuvent s'y manifester, les comparer entre elles, les présenter une à une aux symptômes existants, arriver progressivement à l'élimination successive de celles qui ne trouvent plus de signes qui les rappellent; et, par cette voie d'exclusion, on arrive à la maladie cherchée : c'est ainsi qu'opèrent nos grands maîtres. Ainsi, je pense, en bonne logique, le praticien judicieux et éclairé doit procéder et procède toujours au chevet du malade.

Dans les affections générales ou qui paraissent telles, sur les opinions de quelques auteurs, certaines fièvres; dans les maladies dont le siège ne tombe pas facilement sous nos moyens d'investigation, les affections de l'encéphale et de ses dépendances, le nombreux cortége des névroses, etc., c'est encore par un esprit d'analyse ou de synthèse qu'on parvient à préciser leur nature et les moyens thérapeutiques qu'on peut leur opposer. Que de dangers! Oh! que cet art est difficile! Que de réserve, de prudence et de circonspection! Que de soins, de savoir et d'intelligence, il demande à celui qui porte avec soi le noble orgueil de sa mission!

On pourra peut-être me blâmer de ne publier presque que des cas malheureux; mais je me donne garant à quiconque oserait en soupçonner la véracité. C'est, j'en suis convaincu, par la publication des bons comme des mauvais résultats, qu'on parviendra un jour à donner à notre art une plus grande certitude.

C'est par le diagnostic que commence à opérer le

médecin; il cherche, comme nous venons de le dire, le véritable nom de la maladie; il la classe, il en étudie la nature, il apprécie la constitution médicale et atmosphérique, il juge de l'âge, du tempérament, de l'idiosyncrasie du malade; et puis viennent de toutes parts s'offrir à lui une infinité de moyens curatifs, dont il ne lui reste plus qu'à faire un heureux choix.

En osant entreprendre la publication de cet opuscule, je me proposais d'y joindre un plus grand nombre de faits; mais je m'en tiens à ceux-ci, et j'abandonne tous les autres comme chose commune et d'une observation journalière. Dans ces dernières lignes, je me suis permis de faire entrevoir les difficultés nombreuses qui entravent partout la pratique médicale. Souvent en lutte avec ces difficultés, je demande pardon si j'ai osé les signaler; mais je laisse à des esprits plus habiles le soin de mieux les discuter et de les aplanir. Soient pardonnées toutes ces réflexions, et puissent-elles au moins devenir profitables aux gens du monde qui me feront l'honneur de les lire! Puissent-elles leur laisser entrevoir une partie des difficultés de notre art, les longues journées, les silencieuses nuits et les plus belles années de la vie que doit y sacrifier celui qui, trop hardi, voudra un jour mettre la main à cette œuvre de dévouement, d'ingratitude et de déceptions.

QUELQUES
PROPOSITIONS ET OBSERVATIONS
DE MÉDECINE ET DE CHIRURGIE.

Proposition Ire.

Dans les campagnes et les petites villes, chaque médecin connaît, après quelques années d'exercice, le tempérament, la constitution et la vie privée, etc., de chacun de ses malades; il a sur eux et sur les autres membres de leur famille des données qu'on ne peut presque jamais obtenir dans les grand'villes et surtout à Paris. Sous ce point de vue, ne peut-on pas affirmer que la médecine pratique qu'on fait dans les campagnes est plus sûre, plus utile aux progrès de la thérapeutique, que la médecine qu'on fait dans les grandes cités et dans leurs hôpitaux? Mais, à son tour, la médecine de ces établissements est sans contredit plus profitable à l'anatomie pathologique.

Proposition IIme.

Les *saignées coup sur coup* ne peuvent être qu'une pratique exceptionnelle; elles ne sont pratiquables que dans les hôpitaux, dans les villes, ou dans la résidence du médecin. Il est malheureusement le plus souvent impossible de les employer chez les malades des campagnes éloignées, auprès desquels nous sommes appelés.

Cependant les bons résultats qu'en retire M. le professeur Bouillaud ; ceux que j'ai observés dans d'autres services des hôpitaux de Paris, où l'on sait convenablement mettre à profit ce mode de traitement des maladies aiguës; plus de cinquante succès dans des cas de pneumonies ou de pleurésies graves, dans un pays où ces phlegmasies sont fréquentes ; tout cela m'engage à utiliser les saignées coup sur coup toutes les fois qu'elles sont applicables, et que la constitution médicale, les lieux et les circonstances, le permettent.

Je dis toutes les fois que la constitution médicale et les autres appréciations hygiéniques et thérapeutiques y autorisent. Pour ne pas entrer dans des détails plus nombreux, en voici un exemple qui m'a laissé une vive impression.

Dans les nombreuses péripneumonies qui suivirent ou compliquèrent la *grippe* épidémique de Paris en l'hiver 1837, les saignées copieuses et répétées convenaient parfaitement tant que la maladie marchait avec un caractère franchement inflammatoire. Mais il arriva tout-à-coup que ces émissions sanguines furent suivies des résultats les plus funestes ! La constitution médicale et la nature de l'épidémie avaient brusquement changé. Combien il eût été malheureux de persister et d'employer ici les *saignées coup sur coup !* Voilà, je crois, un de ces faits qui prouve logiquement combien les théories les mieux fondées peuvent devenir dangereuses entre les mains d'hommes inhabiles ou empiriques !

Proposition IIIme.

Chez une femme enceinte, le sang de la saignée, ou provenant des menstrues non complètement supprimées, est le plus souvent *fibrineux* et *riche en caillot ;* il contient habituellement peu de sérum ; reçu dans un vase, il n'est pas rare de le voir se couvrir d'une *couenne inflammatoire* plus ou moins épaisse. Les exceptions à cette règle ne portent que sur quelques femmes anémiques, chlorotiques ou épuisées par des affections plus ou moins graves.

La femme enceinte n'est-elle pas, en effet, dans un état d'irritation ou d'excitation vitale ?

Proposition IVme.

Dans l'inflammation du testicule, l'application des sangsues sur les bourses me paraît dangereuse. Quelques praticiens, MM. Lisfranc, Marjolin, Ricord, etc., ne font-ils pas beaucoup mieux en les appliquant sur le trajet du cordon ?

L'étude anatomique des bourses prouve assez la

valeur de la proposition que nous venons d'émettre. Toutefois, sans chercher à décrire minutieusement les enveloppes testiculaires, je ne dois point passer outre sans rappeler la finesse et la laxité plus ou moins grandes de chacune de ces couches. Si l'on examine le tissu cellulaire très-délié qui les unit, on voit que non seulement il fait adhérer entre eux le scrotum, le dartos, la tunique érythroïde, la tunique fibreuse et la tunique vaginale, mais que, par le moyen de ce tissu, la plupart de ces tuniques communiquent profondément. Personne n'ignore aujourd'hui que ce tissu n'est pas absolument partout d'une nature identique. Renfermé sous les divers feuillets de ces enveloppes, il est lâche, filamenteux, ne contient jamais de graisse; tandis qu'à mesure qu'il s'en échappe, il devient plus ou moins adipeux. Telle est du moins sa nature au voisinage du périnée. Le but qu'il me semble remplir ne s'en effectue pas moins. Là, en effet, et à la partie antérieure des bourses, se trouvent deux points d'une communication profonde. Si, par une cause quelconque, une de ces couches minces et lâches de tissu cellulaire se laisse infiltrer par de la sérosité, dont l'afflux, une fois déterminé, s'accroît si rapidement, elle la transmettra de proche en proche à la masse adipeuse commune et, par suite, à toute l'épaisseur du scrotum et des enveloppes contiguës.

Je ne puis assurer que ce sont ces seules considérations qui font que M. Marjolin, dans son cours de pathologie externe, prescrit l'application des sangsues sur le trajet du cordon, dans les cas d'inflammation du testicule. J'ignore quels sont les motifs qui ont porté M. Lisfranc à ne jamais appliquer les sangsues sur le scrotum. M. Ricord, dans sa pratique nombreuse, soit en ville, soit dans ses salles, à l'hôpital du Midi, comme les praticiens distingués que je viens de citer, a choisi le trajet du cordon testiculaire, comme le lieu favorable d'application. Il préfère, au lieu de quinze ou vingt sangsues, en appliquer vingt-cinq ou trente, et ne pas s'exposer aux accidents graves que peut déterminer l'application faite au scrotum. Il possède, par devers lui, un grand nombre de faits qui lui auraient dicté ce principe de thérapeutique, si l'expérience d'un maître sage ne l'avait devancé.

Par l'application des sangsues au scrotum, on irrite les parties malades au lieu de les soulager; on détermine toujours une infiltration de sang et de sérosité dans le scrotum et le pénis; et puis, le plus léger accident qu'on puisse craindre, c'est de voir chaque piqûre s'accompagner d'une ecchymose, qui souvent, il est vrai, se dissipe par des moyens simples. Mais ces ecchymoses ne sont pas toujours aussi superficielles ni aussi bornées; quelquefois elles s'élargissent, se confondent toutes par leur circonférence, et le scrotum prend une teinte violâtre, semée de taches jaunes et de points noirs. Le scrotum se tend, se déplisse, forme une tumeur énorme et rénitente. Les points noirs de la veille deviennent parfois gangréneux. La gangrène commence ordinairement par les piqûres des sangsues, en s'étendant toutefois aux parties intermédiaires, et peut enfin devenir assez profonde pour laisser les testicules à nu, pendus à leur cordon également découvert. Cet accident peut même ne pas borner là ses ravages ; il peut s'étendre aux parties voisines, aux organes plus profonds, et avoir la mort pour conséquence. Souvent, et heureusement c'est le plus grand nombre des cas, la nature limite le mal à la naissance des bourses, et l'escarre étant tombée, la partie prend un meilleur aspect. Des bourgeons charnus, rosés et nombreux, couvrent toutes les parties attaquées. Les cordons testiculaires se rétractent, rapprochent les testicules vers le pubis, et petit à petit un nouveau scrotum les recouvre en entier. Ce n'est pas, du reste, une théorie qu'il faut donner, c'est un grand nombre de faits que nous pourrions citer, si c'était l'accident que nous voulons signaler ici. Mais celui que nous avons à faire connaître, par deux observations curieuses, n'est guère moins fâcheux que la gangrène des bourses : nous voulons parler de la *suppuration du testicule* ou de son *épididyme*.

Observation Vme.

Blennorrhagie aiguë, orchite à droite; application de sangsues sur les bourses; perte du testicule.

Un homme âgé de 32 ans entra dans un hôpital de Paris où j'étais élève, le 29 juin 1836, pour une orchite aiguë blennorrhagique. Dix ou douze ans auparavant, à quelques années d'intervalle, il avait eu deux autres écoulements, qui avaient été bien traités et bien guéris.

Le sujet de cette observation était d'une taille assez élevée, d'un teint pâle, d'une force moyenne, d'un tempérament lymphatico-nerveux, d'une santé habituellement bonne; il n'avait jamais fait de maladie grave. L'inflammation dans les deux premières blennorrhagies ne s'était jamais étendue jusqu'aux testicules. Jamais cet homme n'avait reçu de coup sur ces organes. Il y avait seulement quatre jours, lors de son entrée à l'hôpital, qu'il souffrait du testicule droit; et encore regardait-il comme cause de sa souffrance plutôt la fatigue de son métier de bonnetier que la blennorrhagie, dont il était atteint depuis le 1er mai de la même année.

29 juin, voici les symptômes que présentait le nommé B....: écoulement par l'urètre, orchite aiguë à droite; l'inflammation et l'augmentation de volume s'étendaient au cordon; le testicule et l'épididyme étaient également enflammés; pas d'épanchement dans la tunique vaginale; légère infiltration

des bourses ; l'état général était à-peu-près celui d'un individu sous le coup d'une vive inflammation : peau chaude et moite ; pouls plein, accéléré ; douleur de tête, insomnie ; langue blanche au milieu, rouge à ses bords ; constipation depuis quatre jours, etc.

Avant de venir à l'hôpital, le malade avait seulement appliqué quatre sangsues sur le testicule affecté.

30 juin (Tisane de graine de lin ; huile de ricin, 64 grammes en potion ; cataplasmes émollients sur les bourses ; saignée de bras de quatre palettes.)

Le 1er juillet, il a été prescrit trente sangsues sur le testicule, dont l'inflammation était toujours vive et douloureuse. Au lieu de trente, il n'en a été appliqué que douze ; le lendemain, les bourses ont été trouvées rouges, tendues, luisantes ; la douleur était aiguë ; on prescrit deux bains de siége, des frictions mercurielles et des cataplasmes émollients. Mais manifestement, le 2 juillet, il s'est formé une collection de pus dans l'épaisseur des bourses. La nuit suivante, il se fait une ouverture spontanée, et il s'écoule du foyer une quantité assez considérable de pus, ce qui soulage beaucoup le malade. Le 3 juillet, à la visite du matin, il est reconnu que l'abcès des bourses est profond ; que la substance propre du testicule entre pour beaucoup dans la quantité de matière qui s'écoule de la plaie. Le pus, en effet, est d'un blanc grisâtre, mêlé de filets qui ne paraissent être autre chose que les vaisseaux séminifères, qui même se laissent tirer par des fils assez longs. La nature de l'abcès est bien constatée. Le chirurgien, respectant la partie qui peut échapper à cette suppuration, recommande de ne point presser l'organe, fait appliquer sur les bourses des fomentations émollientes, ordonne des bains de siége, et tient le malade à un régime sévère. Cependant la suppuration continue, et, le 13 juillet, le testicule est, pour ainsi dire, tout perdu. Il ne sort plus de la plaie qu'une petite quantité de pus séreux. Les enveloppes testiculaires reviennent sur elles-mêmes ; la plaie est déjà cicatrisée ; l'épididyme, toujours un peu engorgé, simule à lui seul tout le testicule. Cet engorgement est combattu par des applications émollientes et par quelques frictions locales d'onguent mercuriel double. Enfin, le 22 juillet, les frictions sont suspendues ; les fomentations émollientes sont seules continuées jusqu'au 3 août, époque à laquelle le malade sortit guéri de l'hôpital, toutes ses fonctions vitales se faisant bien, mais avec un testicule de moins.

Observation VIme.

Un vitrier suisse fut, à l'âge de 20 ans, atteint d'une pleurésie qui dura quarante jours. Un an après, il fit une chute, se luxa le fémur droit. La luxation fut réduite le même jour et guérie au bout de deux mois. A 23 ans, épistaxis tous les jours pendant quinze mois. Un an plus tard, au mois d'octobre 1835, blennorrhagie traitée par un charlatan au moyen des bols d'Arménie; rétention d'urine, constipation pendant quatre à cinq jours, orchite à gauche. Ce malade entra à la Charité pendant un mois : (bains, lavements de copahu, une fois cinquante sangsues au périné, trente le lendemain au même endroit.) A sa sortie de l'hôpital, l'écoulement n'était pas entièrement tari. Dix jours plus tard, il fut admis à l'Hôpital Clinique, dans le service de M. le professeur Rostan, pour une péricardite; l'écoulement blennorrhagique a toujours continué. Quelques jours après, ce malade est entré dans le service de M. Serres, à la Pitié, pour une rétention d'urine. Il y est resté un mois; il a été sondé plusieurs fois : bains entiers et sangsues à l'anus.

C'est le 10 août 1836 que ce malade m'a donné tous ces renseignements, à son entrée à l'Hôpital du Midi, pour son orchite, côté gauche, repassée à l'état aigu. On le traita d'abord par les cataplasmes émollients, les bains, la diète, douze sangsues à l'aine le 17 août, vingt sur le trajet du cordon, le 21 août. Cinq jours plus tard, vingt-cinq sangsues sur le testicule lui-même. Cette fois, la douleur devient intolérable. Le 29, on est obligé d'ouvrir un abcès formé dans l'épaisseur de l'organe. Le 30 et 31, bains de siége, bains entiers, cataplasmes, etc. Le pus avait une odeur prononcée qu'on connaît à la liqueur séminale. Pendant assez long-temps, le liquide qui s'écoula par la plaie conserva ce caractère. Cette ouverture fut longue à guérir.

HYDROPISIE DU VENTRE (ANASARQUE).

« *Calomélas à dose purgative, pillules de Bacher ; — compression ; — deux fois la paracentèse ; guérison confirmée depuis trois ans.* » (*)

Observation VIIme.

Un homme de 24 ans, cultivateur, bien constitué, faisant partie de l'armée de réserve, tomba malade au commencement de l'hiver 1837. A en juger par les renseignements que me donnèrent les parents du malade, c'était au début une *gastro-hépatite* qui fut d'abord aussi long-temps négligée que mal soignée ; suivirent ensuite des accès irréguliers de fièvre intermittente, et enfin des symptômes plus alarmants annoncèrent un dépérissement général et l'hydropisie que nous allons décrire.

Le jour que je fus mandé auprès du malade, 13 juin 1838, voici l'état où je le vis : figure pâle, luisante, bouffie ; membres supérieurs excessivement maigres et secs; thorax, parois abdominales et membres inférieurs tendus et infiltrés ; ventre gros et large, rempli d'une grande quantité de liquide, appréciable par tous les signes ordinaires du diagnostic ; le palper

---

(*) Extrait de *L'Indicateur Corrézien*, 22 décembre 1840.

et la percussion me laissèrent cependant juger le foie gros et sensible à la moindre pression, ce qui devint encore facile à constater après l'évacuation du liquide; les parties de la génération étaient énormément infiltrées; la peau du pénis était luisante et prête à s'érailler; le prépuce tordu en tire-bouchon; l'excrétion des urines en était péniblement gênée. Selles rares, quelquefois naturelles, le plus souvent dures et moulées en crottins; peau sèche et froide; pouls petit, un peu fréquent, mais régulier. Les battements du cœur n'offraient rien d'anormal; respiration un peu courte; langue humide, décolorée; appétit assez bon; digestion facile; peu de sommeil.

On ne sut m'affirmer par quelle partie avait commencé l'enflure.

J'essayai les purgatifs et les diurétiques une huitaine environ; mais la respiration devenant plus difficile, la paracentèse fut proposée comme seul et dernier moyen à oser.

Le 18 juin, la première ponction du ventre fut pratiquée suivant les règles de l'art. Je retirai treize kilos et demi de sérosité inodore, claire et citrine. L'ébullition n'y fit presque pas reconnaître d'albumine. L'opération terminée, le ventre fut assez fortement serré avec un bandage de corps. Avant l'application de cet appareil, l'examen du ventre confirma notre première prévision, que le foie était sensible et hypertrophié : (diète absolue; décoction de chiendent gommée, nitrée, pour boisson.)

Le 19, pas de fièvre, pas de nouveaux symptômes. On continua la compression du ventre; le bandage de corps fut conservé, fortement serré et arrosé avec une infusion vineuse de thym et de genièvre. Je prescrivis pour le matin 64 centigrammes de calomélas et 3 pillules toniques de Bacher, à prendre dans l'après-midi, à deux heures d'intervalle. Il y eut dans la journée plusieurs selles.

Le 20, même médication; un potage en sus. Les jours suivants, 6 pillules de Bacher tous les jours, et le calomélas de jour à autre. Il ne se manifesta aucun symptôme de ptyalisme. L'effet purgatif devint assez prononcé.

Cependant je fus mandé de nouveau le 2 juillet. Je trouvai qu'il s'était reformé une assez grande quantité de liquide. Je proposai une deuxième ponction qui fut acceptée par le malade et qu'on me pria de pratiquer à l'instant. J'obtins sept à huit kilos de sérosité pareille à la première. On insista sur la compression méthodique du ventre et les irrigations aromatiques, le calomel deux ou trois fois la semaine, 6 pillules de Bacher par jour. Tous ces moyens continués un mois environ et un régime convenable continuèrent à procurer enfin une guérison radicale. Depuis cette époque, ce garçon se porte à merveille.

HYDROPISIE ASCITE.

28 ponctions du ventre, qui ont donné 420 litres de sérosité.

Observation VIIIe.

Depuis le fait précédent, j'ai eu à observer longtemps un autre cas vraiment remarquable d'hydropisie ascite chez une femme de la campagne âgée de 48 ans environ, d'une constitution excessivement maigre et sèche. Cette femme avait fait, dans les dernières années de sa vie, plusieurs maladies aiguës des organes splanchniques. A des époques plus ou moins rapprochées, les intestins, le péritoine et le foie ont été atteints successivement ou à la fois de phlegmasies aiguës, qui n'ont cédé que lentement et imparfaitement aux traitements ordinaires; mais je ne saurais préciser au juste, sur le diagnostic, la durée, la marche et la terminaison de ces affections, attendu que je n'étais pas alors le médecin de cette malade, et que les renseignements qui m'ont été fournis n'ont pu suffisamment former ma conviction à cet égard.

Quoi qu'il en soit, je sais que cette période de maladies fut suivie d'une convalescence, qui ne doit tout au plus être regardée que comme le passage de ces affections à l'hydropisie, dont nous allons brièvement exposer les points les plus saillants. Cette convalescence donc fut longue et douteuse ; elle fut interrompue par l'apparition d'un anasarque de quelques régions et d'un œdème des membres inférieurs, qui parut d'abord sur le membre droit, et y persista plus long-temps qu'au pied gauche. M. le docteur T...., qui donnait alors ses soins à la malade, combattit cet état par quelques émissions sanguines, les diurétiques, les drastiques, etc. ; enfin l'œdème partiel se dissipa pour faire place à l'hydropisie du ventre, qui durait depuis un an environ, quand je fus appelé pour la première fois.

Embarrassé donc et très-peu fixé sur la véritable nature de cette hydropisie, je n'ai pu l'attaquer par des agents plus actifs qu'après avoir vainement essayé des moyens variés et incertains. Mais après avoir insisté avec persévérance, il a fallu en venir nombre de fois, comme nous allons le dire, à l'opération de la paracentèse, qui était bien vîte suivie d'un nouvel amas de sérosité. Ma pensée est enfin que cette hydropisie ascite reconnaissait pour cause l'*oblitération* plus ou moins complète de quelque gros vaisseau. On comprend combien une autopsie eût été d'un grand intérêt. Du reste, cette disposition à l'hydropisie a fini par fixer son action sur la cavité abdominale ; vers les derniers temps seulement un léger œdème des pieds, et particulièrement du membre droit, s'est manifesté comme au début de cette hydropisie. Nous ajouterons ici, comme fait digne d'observation, que le père de cette malade mourut dans un âge avancé d'une hydropisie ascite, et subit cinq fois la ponction; sa grand'mère avait succombé à la même maladie. Y aurait-il hérédité? Je ne fais que constater ces faits.

Depuis le 4 novembre 1840 jusqu'au 4 octobre 1841, j'ai pratiqué à cette femme vingt-huit ponctions du ventre. Terme moyen, j'ai tiré chaque fois 15 litres de sérosité ; ce qui fait que j'en ai obtenu dans l'espace de onze mois 420 litres (840 1/2 kilogrammes.)

Après que le liquide était complètement écoulé, on pouvait, à travers les parois du ventre très-amincies, palper très-aisément et apprécier tous les organes de cette cavité ; il était facile de se convaincre que les reins étaient un peu gros et même sensibles à la pression exercée avec la main ; le foie paraissait également hypertrophié et douloureux vers sa face inférieure ; son bord tranchant descendait trois travers de doigt au-dessous du rebord des fausses-côtes ; les parois du ventre étaient réduites à une si minime épaisseur, qu'une fois que le liquide était évacué, les gens qui m'aidaient dans cette opération étaient fort émerveillés de suivre pour ainsi dire des yeux, comme sous une gaze transparente, les mouvements péristaltiques des intestins.

L'opération de la paracentèse une fois terminée, le ventre étant ceint d'un bandage de corps, la malade gardait à peine le lit le restant du jour; le lendemain, elle reprenait le plus souvent les occupations de son ménage; elle mangeait avec assez d'appétit et digérait passablement bien ; elle n'était embarrassée et bien souffrante que les deux ou trois derniers jours qui précédaient la ponction, opération qu'elle ne réclamait d'ailleurs que pour mettre fin aux douleurs qu'occasionnait le liquide par sa trop grande quantité.

La sérosité a toujours été inodore, claire et citrine, tirant quelquefois sur une teinte verdâtre. A la dernière ponction, elle était trouble et ressemblait parfaitement à du petit-lait non clarifié. Traitée par la chaleur et l'ébullition, elle a donné une fois des flocons d'albumine.

Forcé d'en venir à la paracentèse, j'ai employé dans l'intervalle des ponctions, ou de concurrence avec elles, les purgatifs et les fondants sous diverses formes, le calomel surtout; les purgatifs unis aux toniques, les pillules de Bacher; plus tard, la digitale et les diurétiques; les ferrugineux; les dérivatifs, tels que les vésicatoires sur les parois du ventre; la compression méthodique de cette cavité, telle qu'elle a été conseillée; les irrigations aromatiques; les sangsues sur le ventre. Deux fois le sang de la saignée que je fus obligé de pratiquer pour des maladies intercurrentes se couvrit d'une épaisse membrane inflammatoire. Parmi les nombreux moyens thérapeutiques que j'ai essayés avec toute la persévérance et le discernement dont j'ai été capable, je dirai enfin que l'usage exclusif du lait de vache n'a procuré aucun résultat appréciable. Celui d'ânesse, pris dans les premiers jours de mai, porta au dix-septième jour la ponction qu'il fallait auparavant pratiquer tous les dix à onze jours, et cette fois nous eûmes deux litres environ de sérosité de moins que les fois précédentes: bénéfice bien facile à constater! mais, par une circonstance particulière et déplorable, l'usage de ce lait fut suspendu pendant quelque temps, et lorsque nous pûmes le reprendre, nous n'arrivâmes plus à un résultat aussi avantageux. Plus tard, les eaux de Cransac commençaient à bien opérer lorsqu'elles nous vinrent à manquer; la saison fut ensuite contraire pour les continuer; et enfin, à la suite de deux voyages que cette malade a voulu faire, montée sur une ânesse, il s'est déclaré une *gastro-péritonite* qui l'a enlevée dans l'espace de cinq jours.

Observation IXe.

Au mois d'août 1839, un manœuvre âgé de 23 ans vint me consulter pour une fièvre inflammatoire dont il était atteint depuis deux ou trois jours. Cet homme était encore à jeun; je lui conseillai de se laisser pratiquer sur-le-champ une saignée de bras.

Pendant que j'étais occupé à apprêter les choses nécessaires, le malade releva les manches de sa chemise et d'un gilet de laine dont il était vêtu. Cela fait, il me présenta le bras bien à découvert. Je le pris, et, sans m'occuper de ses vêtements qui semblaient ne pouvoir gêner en rien mon opération, je tâtai les pulsations de l'artère brachiale. Je suivis ses rapports

avec la veine médiane basilique qu'il fallut saigner, à
défaut de la céphalique ou de tout autre veine plus
apparente. L'artère et la veine marchaient collées
l'une à l'autre dans tout leur trajet au pli du bras ; le
tendon du biceps brachial était saillant, et la veine
qu'il fallait piquer paraissait d'un calibre assez petit.
A tout bien considérer, me rappelant surtout Dupuytren faisant défense de saigner plutôt que de pratiquer cette opération au voisinage de l'artère, j'aurais
dû m'en abstenir ; mais ce pauvre malade, père de
plusieurs enfants, était dans la plus urgente nécessité
de reprendre son travail, et ma grande habitude de
saigner depuis sept ans, ou dans les hôpitaux de Paris,
ou dans ma pratique médicale, tout cela me donna
le courage dont nous avons tant et si souvent besoin
dans l'exercice de notre art. Je croyais enfin que la
saignée était le moyen le moins coûteux et le plus
plus expéditif pour le rétablissement de cet homme.
Je plongeai donc la lancette, et le sang ne sortit que
par un filet très-mince ; je replongeai doucement
l'instrument pour agrandir la première ouverture :
tout-à-coup il jaillit un jet assez gros qui bientôt se
bifurqua. Cette bifurcation me fit sensation, et, soit
pour modérer le cours du sang, crainte d'une syncope ; soit pour m'assurer que les deux jets venaient
du même vaisseau, je relâchai la ligature ; mais le
sang sortit toujours par deux jets aussi gros : ils étaient
même saccadés par les pulsations de l'artère immédiatement accolée à la piqûre de la veine. Cette fois, je

fus effrayé : j'eus peur d'avoir lésé l'artère brachiale. Je déliai complètement le bras, et le sang continua à jaillir avec force. Le doigt appliqué sur la piqûre, je cherchai à arrêter la sortie du sang, ce qui occasionna une légère infiltration du tissu cellulaire du pli du bras. J'appliquai enfin provisoirement un bandage compressif, et je fis appeler un de mes confrères.

Nous visions déjà à constater l'accident, nous pensions aux moyens d'y remédier, lorsque nous fîmes ôter le gilet de laine et la manche de la chemise. Dès ce moment, les deux jets n'en firent qu'un ; le sang sortit moins abondant et en bavant. Il n'existait aucune grosseur au voisinage de la saignée ; le pouls du poignet était aussi marqué que celui du bras gauche ; en faisant plier le bras et en tirant les bords de la piqûre, ou en appliquant le bandage ordinaire de la saignée, le sang cessait de sortir.

Cependant j'étais encore dans la crainte d'avoir commis une faute : tant avait été grande ma frayeur! Mon collègue fut obligé de me quitter, et j'appliquai à demeure le bandage de la saignée du bras. Je gardai plusieurs heures le malade chez moi ; je ne le laissai enfin partir qu'après que je me fus entièrement convaincu qu'il n'existait pas le plus petit accident.

L'artère brachiale n'avait point été blessée ; la piqûre de la saignée, faite en deux reprises, pouvait expliquer la bifurcation du jet du sang, et les manches du gilet de laine et de la chemise de grosse toile, fortement retroussées autour de l'extrémité inférieure du bras, faisant la compression aussi exactement que la ligature elle-même, nous expliquent la sortie du sang, même après l'enlèvement de la ligature.

Est-il vrai qu'en chirurgie, l'oubli ou la négligence du plus simple précepte peut quelquefois induire en erreur?

Le lendemain, je revis le malade : la piqûre de la saignée était déjà cicatrisée. La fièvre, presque amendée, prit plus tard un type intermittent et céda à l'usage d'un fébrifuge.

Voilà cependant une frayeur que je n'oublierai jamais. D'y penser seulement, je me sens encore étouffer de peur. Tout le monde conseille, chacun nous blâme, et personne ne semble vouloir convenir combien il est difficile de ne jamais faillir!

Observation X.ᵉ

Plaie contuse du crâne; double fracture du pariétal droit; défoncement d'un de ses fragments; hémiplégie. — (application du trépan; guérison.)

Le 22 août 1840, à 5 heures du matin, je fus appelé pour donner mes soins à un garçon platineur âgé de 21 ans, qu'on disait s'être fracturé le bras gauche en tombant d'un arbre. J'avais déjà examiné dans tous les sens le membre supposé atteint de fracture; j'avais inutilement cherché une lésion dans toute l'étendue des trois os qui en constituent la charpente osseuse ; les parties molles me parurent elles-mêmes exemptes de la plus légère contusion ; en un mot, il n'existait aucune violence, ni dans les os, ni dans les parties charnues qui les recouvrent.

Ce membre était flasque, étendu sans mouvements possibles, se laissant tomber de toute sa propre pesanteur, quand, après l'avoir soulevé, on l'abandonnait à lui-même ; non douloureux, presque insensible quand on le pinçait fortement : il était évidemment paralysé.

Portant subitement mon attention sur le membre inférieur correspondant ; je le trouvai dans le même état. La face était également atteinte d'une sémi-paralysie du mouvement : le sens du sentiment n'y était guère mieux marqué que dans les membres abdominal et thoracique gauches.

Ce cas m'offrait enfin quelque chose d'un mystérieux mensonge. Avait-on des motifs pour me tromper? On voulait cependant laisser croire à une chute, à une fracture du bras ; mais pourquoi cacher l'accident le plus grave, la véritable cause de la paralysie qu'il fallut montrer en enlevant moi-même un mouchoir ensanglanté dont le malade avait la tête enveloppée ? Alors, les menaçant de leur refuser mes soins si l'on me cachait plus long-temps la vérité, les parents du jeune homme m'apprirent que, dans la nuit, un individu avait failli tuer leur fils en lui assénant sur la tête un coup de pelle en fer.

Ce pauvre garçon portait, en effet, à la tête, sur le pariétal droit, une plaie de 8 centimètres de longueur dirigée obliquement de dehors en dedans et d'avant en arrière. Le péricrâne avait été coupé net dans toute son épaisseur. En écartant les lèvres de la plaie, on apercevait que les parties molles étaient décollées du pariétal, et que cet os était fracturé dans toute sa largeur et dans la même direction que la plaie extérieure. Le fragment inférieur était à sa place; mais le fragment antéro-supérieur, ainsi qu'on peut l'appeler, vu le siége et la direction de la facture, ce fragment, dis-je, était enfoncé dans la boîte osseuse de toute son épaisseur, je veux dire de 9 à 12 millimètres; en sorte que la face externe de ce fragment était au niveau de la face interne du fragment non déplacé.

Sur ce dernier fragment on remarquait une fêlure parallèle à la fracture précédente, de même longueur qu'elle et éloignée de celle-ci de 9 à 10 millimètres. Cette fêlure existait sans déplacement des fragments, qui furent assez solidement unis pour permettre et supporter l'application du trépan. Probablement cette dernière fracture ne comprenait pas toute l'épaisseur de l'os et n'intéressait seulement que la table externe.

Atteint de si épouvantables désordres, le malade, pâle et couvert de sang, était mourant; il avait la figure déviée à droite et les membres gauches supérieur et inférieur complètement paralysés du mouvement; dans toutes ces parties, le sens du sentiment était à peine conservé, et les battements artériels y étaient peu sensibles.

Le blessé ne tarda pas à perdre la parole. Il fallait un prompt secours. Je fis sur-le-champ quelques tentatives pour relever le fragment enfoncé qu'on pouvait naturellement supposer être la cause de cette paralysie et d'une mort imminente; mais je ne pus y parvenir sans l'application d'une couronne de trépan. L'opération était trop délicate pour oser l'entreprendre sans le secours de quelques aides; aussi je fus prier moi-même mes autres collègues de vouloir bien m'aider de leur présence et de leurs lumières : et je dois leur rendre cette justice, MM. les docteurs Lachaud et Brunerie s'y prêtèrent tous les deux avec toute l'attention et la complaisance possibles.

En procédant suivant toutes les règles de l'art, l'opération et le premier pansement ne durèrent pas plus de trois quarts d'heure environ. J'appliquai une seule couronne de trépan sur la partie moyenne du fragment inférieur du pariétal. Au moyen de cette ouverture, que j'obtins aussi nette que possible, il me fut cependant difficile de relever le fragment enfoncé exactement à son niveau, attendu que les dentelures des fragments empêchèrent leur première coaptation. On évacua un petit caillot de sang qu'on trouva épanché entre les fragments et la dure-mère qui était décollée.

Par un pansement méthodique renouvelé tous les jours et un traitement rationnel de cinq semaines environ, par les émissions sanguines, les purgatifs, les dérivatifs, tour-à-tour ou successivement employés, j'ai enfin obtenu une guérison inespérée. La paralysie de la moitié gauche du corps a complètement disparu; ce garçon marche avec aisance et sûreté; le bras a de la force dans son ensemble, seulement les mouvements de préhension ne sont pas aussi faciles et aussi assurés qu'on peut le désirer; mais la physionomie a repris son expression naturelle, la santé générale est parfaite, et les facultés intellectuelles ont conservé toute leur intégrité.

Ce fait, curieux par ces heureux résultats, n'est pas encore moins intéressant quand il ne ferait que montrer combien sont souvent mis à l'épreuve le savoir et la sagacité du médecin.

Observation XIe.

Plaie du poignet; ligature de l'artère radiale; guérison.

Brunerie (Pierre), cultivateur, âgé de 55 ans, se servant d'un hachereau, se frappa, par mégarde, sur la face dorsale de la main gauche, et se fit une plaie profonde, dans la direction et l'étendue de l'articulation des deux premiers métacarpiens avec les os du carpe. La peau, la veine céphalique du pouce, le tissu cellulaire, tout fut divisé par l'angle tranchant de la cognée qui pénétra profondément, et ne fut arrêté que par la face dorsale de l'os trapèze. L'artère radiale fut elle-même entièrement coupée, à son passage, dans l'espace compris entre les tendons des long et court extenseurs, et du long abducteur du pouce. L'extrémité externe de la plaie s'arrêtait au voisinage de ce dernier tendon et de celui du long radial externe; et c'est là que l'artère coupée s'était retirée derrière ces tendons : aussi fut-il impossible de l'y aller saisir.

L'hémorrhagie fut sur-le-champ épouvantable. On crut d'abord pouvoir l'arrêter par le moyen de l'eau froide et salée, ou par un tas de linge, qui, mal appliqué, cachait aux yeux l'hémorrhagie, sans lui opposer un obstacle invincible. Cependant le blessé manquait de courage, et cet homme, qui habite un petit village assez éloigné de la ville, était en danger de succomber, faute de secours assez prompts et habilement administrés. On vint enfin me chercher à toute hâte, et quand j'arrivai auprès de lui, je le trouvai pâle, défaillant, couvert d'une sueur froide; ma présence sembla lui donner un peu de force, qui lui manqua bientôt, lorsque survint une syncope qui le fit croire mort. Je fis donc comprimer l'artère radiale à son passage à l'avant-bras; je débarrassai le membre de tout le linge qui le chargeait inutilement, et, après avoir relevé les forces et le courage du blessé, je songeai à pratiquer le premier pansement.

J'ai dit que l'artère avait été coupée net à sa sortie au-dessous des tendons du long abducteur du pouce et radial externe. Ne pouvant donc agrandir la plaie pour appliquer une ligature sur le bout inférieur du vaisseau divisé, et qui semblait s'être retiré derrière eux ; une hémorrhagie redoutable chaque fois que je songeais à faire un simple pansement compressif : toutes ces raisons si pressantes durent me forcer à pratiquer immédiatement la ligature de l'artère radiale, au tiers inférieur de l'avant-bras. Pendant l'opération, le blessé eut une nouvelle syncope, qui, me privant des battements artériels, rendit difficile la découverte de l'artère. Fixé enfin sur la position et l'aspect de ce vaisseau, je passai provisoirement le fil, et sans le serrer ; mais, dès que le malade reprit connaissance, les battements plus forts se firent sentir sous le doigt, et je serrai la ligature, qui tomba le douzième jour. Les deux plaies furent cicatrisées 18 jours après l'accident. Depuis ce temps, cet homme a repris ses occupations d'agriculture, et possède son ancienne forme dans la main gauche, excepté toutefois que le pouce, sans être courbé, ne peut exécuter largement les mouvements d'extension.

QUELQUES CAS DE CROUP.

CONSIDÉRATIONS ET RÉFLEXIONS PRATIQUES.

Les derniers mois de l'année 1840 et le commencement de 1841 nous effrayèrent par une grande mortalité. Tous les enfants, depuis le premier âge jusqu'à celui de 11 à 12 ans, furent atteints d'affections aiguës des voies respiratoires. La coqueluche, la bronchite et la pneumonie, sévirent tour-à-tour ou successivement dans tout le canton de Treignac et ses environs. A leur début, ces affections furent terribles par leur acuité; mais elles devinrent encore plus rebelles par leurs recrudescences fréquentes et leurs rechutes presque inévitables. Par suite des intempéries, des variations subites et brusques de l'atmosphère, par un temps alternativement sec ou pluvieux, froid ou chaud, comme celui qui régna toute cette année, ces pauvres enfants passèrent impitoyablement par toutes ces graves maladies. Heureux celui que la mort n'a pas frappé!

Vers la fin de janvier, dans un village de la commune de Pradines, lieu situé sur un monticule, au fond d'un assez large bassin, à l'exposition de tous les vents et particulièrement de celui du nord, apparut tout-à-coup une affection croupale, que remplaçait, sous un climat plus tempéré, une coqueluche épidémique. Plusieurs enfants furent atteints du croup, à quelques jours d'intervalle. Le premier de ces petits malades, de l'âge de 6 ans, mourut dans les 48 heures environ, bien avant que ses pauvres parents crussent devoir demander les secours de la médecine.

Pour le deuxième malade, âgé de 4 ans, on appela, dès le début, un médecin qui fit appliquer six ou huit sangsues au cou, prescrivit une tisane émolliente, et repartit. Celui-ci ne fut guère plus heureux que le premier; le lendemain il était mort.

Observation XII°.

Le 1er février, jour de froid et de neige, je fus mandé pour un troisième enfant de 10 ans, d'une bonne santé habituelle, grand et bien constitué pour son âge. L'apparition subite, la marche rapide de cette affection, la voix rauque, la toux croupale, d'accès ou quinteuse; un sifflement laryngo-trachéal dans l'intervalle des quintes; la face rouge, infectée; les yeux gros, saillants et larmoyants; la sensation d'un corps étranger, fixé au cou; une asphyxie menaçante; tous les symptômes, en un mot, d'un croup laryngé, dessinaient parfaitement un diagnostic facile, auquel les suites du traitement vont encore apporter une nouvelle certitude.

L'enfant avait joué tout le jour dans la neige avec ses petits camarades; il était parfaitement portant, lorsque le soir, après le souper, il fut se mettre au lit. Subitement il s'éveille dans la nuit, crie, s'agite; il est pris de tous les symptômes qu'avaient manifestés les autres enfants. Le lendemain, on m'envoya chercher; je ne pus m'y rendre que vers les trois ou quatre heures de l'après-midi, et je constatai tous les symptômes que je viens d'indiquer brièvement.

Je conseillai sur-le-champ : huit sangsues au cou, sur les côtés du larynx; sinapismes aux jambes; frictions sur le haut du sternum et au creux épigastrique avec la pommade stibiée; tous les quarts d'heure, une petite cuillerée à bouche de la potion suivante :

PRENEZ, Eau distillée............ 60 grammes.
Sirop de vinaigre framboisé } aâ 15 grammes.
Id. de gomme.........
Ipécacuanha pulvérisé.... 1 gramme 27 centigr.
Émétique.............. 5 centigrammes.

F. S. A.

Cette potion détermina plusieurs vomissements. Ce petit malade rendit une fois un lambeau de fausse membrane bien organisée, de plus de deux centimètres de longueur. (Ce caractère établit suffisamment, je crois, la distinction du *croup* que nous avons diagnostiqué, de l'inflammation d'une autre nature, de la *laryngite striduleuse*, par exemple.)

Les sinapismes des jambes restèrent appliqués deux heures environ, et ils produisirent l'effet de deux vésicatoires, qu'on fit suppurer plusieurs jours. A la suite des frictions avec la pommade stibiée, il apparut, dans moins de 12 heures, une éruption de gros boutons à la poitrine et à l'épigastre.

Huit jours plus tard, l'enfant entrait en convalescence, lorsqu'il fut pris d'une rougeole qui régnait dans le voisinage. Quinze jours après le début d'un croup, il reprenait la santé et les amusements de son âge.

Observation XIIIe.

Le 8 février, on me manda auprès d'un garçon de 8 ans, du même village, atteint des mêmes symptômes que ceux que nous avons décrits chez le précédent malade. Je lui fis subir le même traitement, et j'obtins des résultats aussi heureux.

Observation XIVe.

Le 14, même mois, je vins dans un village voisin, placé cependant sur le versant du couchant d'une montagne plus élevée, pour donner mes soins à une petite fille de 18 mois, très-forte et très-grande pour son âge, offrant les symptômes du croup depuis 40 heures environ. Cette belle enfant avait expiré deux heures avant mon arrivée.

Si nous considérons ces cinq cas réunis, nous voyons, d'une part, deux enfants robustes périr dans les 48 heures, faute de secours; en second lieu, un autre enfant du même âge est soumis à un traitement insignifiant : quelques sangsues et de la tisane ! Et celui-ci subit les conséquences fatales d'une coupable temporisation ; on ne le tue pas : on le laisse expirer !

Pour les deux autres cas, appelé moi-même sur cette scène douloureuse, j'ai vu que l'expectation, qu'on ose appeler *prudence*, était la mort de ces petits malades, et j'ai cru devoir recourir à un traitement rationnel, actif, puissant.

Si nos observations étaient plus nombreuses, et si nous nous étions proposé un autre but que celui de signaler ces quelques faits, nous pourrions peut-être disserter davantage sur la nature du croup ; il nous serait facile de prouver que surtout dans cette foudroyante affection il ne suffit pas de s'attacher spécialement à combattre quelques-uns des symptômes ou des accidents : à l'instant même, il faut tout prévoir, tout combiner, tout faire.

Quelle que soit la constitution du jeune malade, les quintes de toux si fortes, si longues et si fréquentes, doivent, dans tous les cas, congestionner plus ou moins les centres nerveux, d'ailleurs si impressionnables et si délicats chez ces petits enfants. Les émissions sanguines, locales ou dérivatives ; les sinapismes ou autres vésicants, aux extrémités inférieures ; les frictions avec la pommade émétisée, au cou ou à l'épigastre ; tels sont les moyens qui nous semblent pouvoir remplir cette première indication. Mais assurément non, cela n'est pas assez : il s'est déjà amassé dans les premières voies aériennes des mucosités filantes et glutineuses ; peut-être même ces produits sont déjà coagulés, adhérents et semblables à des fausses membranes organisées ; car telle est la nature de cette singulière et terrible phlegmasie, et peut-il suffire d'exténuer le malade, sans le débarrasser de ces espèces de corps étrangers, qui bientôt vont obstruer le passage de l'air dans les poumons, gêner ou empêcher la première des fonctions vitales, la respiration, et causer la mort par asphyxie ? Ne reste-t-il donc qu'à insister sur les débilitants et les dérivatifs, et ne faut-il pas se hâter de rendre au larynx ou à la trachée, etc., leur perméabilité ? Cette indication est aussi urgente que la première, et les vomitifs, dont nous nous sommes servi, semblent offrir et assurer toutes les qualités désirables.

Soit donc faite à ce sujet ma profession de foi, comme je désirerais pouvoir la déclarer pour tous les systèmes exclusifs. Je ne saurais jamais excuser l'erreur profonde de ceux qui pensent que pour guérir il suffit de s'abandonner tout entier à une expectation stoïque, si convaincus de l'impuissance et de l'inutilité des remèdes qu'ils osent se l'avouer ! Je me le demande enfin : peut-on avec délicatesse professer un état duquel on se défie sans cesse, et dont les moyens thérapeutiques paraissent douteux, impuissants, inutiles ou dangereux ?

Dans les cas qui nous ont suggéré ces réflexions, on ne saurait cependant méconnaître l'efficacité du traitement employé. Telle est, au moins, ma manière de voir, de sentir, de juger, et, avec les faits, je ne crains pas d'émettre mon opinion.

Que je fasse néanmoins la part des circonstances, et, pour ne pas encourir des reproches également mérités, j'ajouterai : Si d'abord j'improuve de toute mon ame cette fatale *expectation*, système odieux et absurde, si facile à apprendre, si simple à mettre en application, si vanté par ceux qui reculent peut-être devant les ennuis de l'étude, je désavoue aussi une *précipitation* aveugle, et je confesse que dans les cas de croup bien confirmé, alors même que l'asphyxie est menaçante, il serait encore indiqué d'essayer les moyens que nous avons ici mis en pratique, avant de s'armer du bistouri de la *trachéotomie*, opération hardie et nécessaire dans les cas extrêmes, mais trop sanglante et trop hasardeuse pour l'entreprendre de prime abord. Tous les jours, nous lisons des comptes-rendus où l'on parle de l'application fréquente de cette opération : on vante hautement quelques succès, souvent incomplets ; on passe sous silence des milliers de mauvais et funestes résultats. C'est l'esprit du siècle de se jeter à corps perdu dans les innovations : se pourrait-il que la mode restât entièrement étrangère à l'art de guérir !

Un Mot

SUR

LES PHLEGMASIES AIGUËS,
COMPLIQUÉES DE FIÈVRES INTERMITTENTES.

En attendant que je puisse donner en corps de doctrines mes recherches sur l'étude et le traitement des inflammations aiguës, étudiées dans nos pays de montagnes, je cède au besoin de faire connaître quelques-uns des faits que j'ai déjà recueillis. Ce n'est pas sans doute avec deux ou trois observations qu'on peut le plus souvent établir des principes invariables. Voici cependant mes premiers faits, mon point de départ. Aussitôt que je posséderai des observations plus nombreuses, je me ferai un devoir d'en rendre un compte exact et fidèle. Peut-être pourrai-je alors essayer de poser quelques nouveaux principes, et me sera-t-il facile d'en déduire des conséquences utiles à la pratique médicale.

Observation XVe.

Je fus mandé auprès d'une dame âgée de 60 ans environ, d'un tempérament excessivement nerveux, d'une constitution frêle et délicate au suprême degré.

Cette dame avait déjà été sujette à un grand nombre de maladies ; plusieurs catarrhes de poitrine, compliqués d'hémoptysie, avaient nombre de fois fait craindre pour elle le développement d'une phthisie pulmonaire. Le jour où je fus appelé pour lui donner mes soins, voici les symptômes qu'elle offrit à mon observation :

Peau chaude, figure animée, fièvre à-peu-près continue ; des frictions vagues semblaient cependant se régulariser vers l'heure de midi ; puis fièvre plus vive ; toux fréquente ; expectoration abondante de crachats opaques, jaunes, épais ; oppression assez forte ; pouls vif, fréquent ; langue blanche et sale au milieu, rouge à la pointe et sur les bords ; perte d'appétit ; soif ardente ; épigastre sensible au toucher ; tête lourde et douloureuse, surtout dans les quintes de toux. En faisant ses visites du premier de l'an, cette dame s'était exposée à un froid humide.

Déjà le diagnostic s'éclaircissait ; mais l'auscultation lui donna une plus grande certitude. Un râle muqueux qu'on entendait dans la presque totalité du thorax, et surtout à la racine des poumons ; d'ailleurs un son sonore et normal sur tout le contour de cette cavité, la cause de cette maladie et l'examen attentif des autres symptômes, me firent croire à l'existence d'une *bronchite aiguë*, avec *irritation gastrique* ; et déjà, d'après les renseignements qu'on me donna, je supposai qu'il pouvait exister aussi une *fièvre intermittente larvée*, comme j'en avais observé d'autres cas chez plusieurs malades atteints également d'inflammation d'organes différents.

L'expectation et la diète, quelques infusions de fleurs de guimauve et d'hyssope, édulcorées avec le sirop de gomme, firent la base du traitement des trois premiers jours. Le 25, les symptômes inflammatoires semblaient s'accroître; on appliqua six sangsues, dont les piqûres saignèrent beaucoup. La nuit suivante fut assez bonne, la fièvre moins vive, le sommeil plus calme, la toux moins irritante.

Le 26, à deux heures et demie de l'après-midi, apparurent des frissons vagues d'un quart d'heure environ; puis suivirent les autres périodes d'un accès de fièvre intermittente, chaleur ardente, sueur copieuse, etc., etc.

Le 27, profitant du jour apyrétique, je prescrivis un lavement fébrifuge, avec 64 centigrammes sulfate de quinine et six gouttes laudanum liquide de Sydenham. Le lendemain, l'accès fébrile ne reparut pas; les symptômes seuls de la bronchite persistèrent, mais avec un amendement manifeste. Aux moyens thérapeutiques précités furent ajoutées quelques prises de poudre de Dower.

Le 30, les symptômes inflammatoires de la muqueuse gastrique semblaient tout-à-fait éteints et la fièvre coupée. Un embarras intestinal se prononça. Seize grammes de crême de tartre soluble, pris par le haut et aidés de quelques lavements émollients déterminèrent plusieurs selles très-copieuses. Le 2 février, quelques vomiturations firent sentir des rapports de bile. Il fut ordonné 64 centigrammes d'ipécacuanha pulvérisé, à prendre en deux fois dans deux verres d'eau tiède. Des vomissements faciles firent rendre une assez grande quantité de bile poracée et de glaires. La malade se plaignit d'avoir encore éprouvé la veille quelques frissons, qui furent ensuite suivis de chaleur avec soif vive et transpiration légère. Le soir, nouvelle administration d'un lavement fébrifuge qui ne fut pas retenu ; aussi fallut-il prescrire quelques pilules fébrifuges, avec addition, pour chacune, de 12 milligrammes d'extrait gommeux d'opium.

Les 3, 4 et 5 février, crachement de sang et somnolence presque continue. Le 6, crachats moins abondants, contenant à peine quelques stries de sang. Emplâtre de poix de Bourgogne au dos, deux bouillons de poulet, tisane de gomme. 7, 8 et 9, même régime; la convalescence se confirmait. Ces trois derniers jours, une pilule fébrifuge sans addition d'opium, à cause de la grande susceptibilité de la malade. Depuis cette époque, les accès de fièvre n'ont pas reparu ; la toux s'est amendée ; l'estomac a supporté et exigé une alimentation légère. Bientôt il fallut accorder à cette dame quelque peu de café, dont elle fait un usage habituel, et sa guérison fut aussi prompte, aussi parfaite, qu'on avait d'abord pu craindre pour la terminaison fâcheuse de cette multiple maladie.

Observation XVIᵉ.

Dans un de nos villages flanqué sur une colline de nos montagnes du levant, à l'exposition du nord, un célibataire, cultivateur, âgé de 28 ans, blond, bien constitué, de taille moyenne, mais à poitrine large et profonde, habituellement de bonne santé, fut atteint, au mois de juillet 1839, d'une fièvre intermittente quarte, qui devint ensuite tierce, et prit en octobre un type très-irrégulier. Cet homme, naguère très-robuste, commença à traîner une vie languissante; ses digestions se faisaient mal; il suait facilement; le moindre coup d'air lui donnait une toux interminable, par intervalle des accès de fièvre; et de suite, il se couvrait d'herbages, de sachets, d'amulettes, et faisait mille sortiléges. Cependant sa santé devenait de plus en plus chancelante. On craignait qu'il ne fût *poitrinaire*. Vite on lui prodigua des conseils de toutes parts et de toutes les façons. On l'envoya consulter une demoiselle qui lui ordonna de se couvrir les quatre membres de larges vésicatoires, et de boire abondamment une décoction de capillaire. Mademoiselle B..... avait lu dans les yeux du malade qu'il était atteint de phthisie de poitrine, et son dernier mot fut de le lui apprendre. Terrible aveu! trop capable à lui seul d'épouvanter le moral le plus ferme, et de miner de peur une constitution encore jeune et robuste!

Le malade effrayé regagna son village, n'oublia pas

un mot de tout ce qu'avait dit l'*oracle*, et fit les ordonnances de son mieux. Mais sa santé n'en devenait pas meilleure. On était au 9 février, lorsqu'il fut enfin obligé de s'aliter. Je fus mandé auprès de lui le 12, et voici le résumé des symptômes que j'observai :

Face rouge et animée ; regard fatigué ; pouls assez fort, 100 pulsations au moins ; langue rouge et piquetée à la pointe, sale et jaunâtre à la base ; épigastre un peu sensible au toucher ; le reste du ventre assez libre, à l'exception de la région de la rate qui devenait par intervalle légèrement douloureuse ; respiration gênée ; toux fréquente ; douleur dans le côté droit de la poitrine ; râle crépitant, matité ; crachats rouillés. Le restant de ce poumon était assez libre ; le poumon gauche fonctionnait très-bien.

Un diagnostic facile ne vient-il pas naturellement à la suite de ce court exposé des principaux symptômes ? Cet homme me parut atteint d'une *pleuropneumonie du côté droit, avec gastrite légère*. Il restait seulement à se fixer sur le gonflement et la douleur périodique de la rate ; après trois jours d'une observation attentive, je fus suffisamment instruit à cet égard.

A ma première visite, je pratiquai une saignée de bras de trois palettes, dont le sang se couvrit aussitôt d'une forte membrane inflammatoire ; je prescrivis une potion gommeuse de 180 grammes, avec 26 centigrammes de kermès minéral ; diète absolue ; infusion tiède de fleurs de guimauve pour boisson. Il était inutile de songer à un exutoire ; de la grande emplète que le malade avait faite chez Mlle B....., il lui en restait encore deux, un à chaque bras.

Le 13, même prescription, et le malade va mieux : respiration plus libre, crachats moins sanguinolents. Le 14, les mêmes symptômes s'exaspèrent ; la douleur de côté est plus forte. (Sangsues, *loco dolenti*; même tisane, même potion avec le kermès.)

Le 15, amendement. Le 16, tous les symptômes reprennent leur intensité : les crachats redeviennent rouillés ; toux plus fréquente ; point de côté plus douloureux ; sentiment de douleur dans le flanc gauche. Quelques frissons assez vagues et du froid aux extrémités inférieures avaient précédé le commencement de cet accès ; et je crus être cette fois convaincu de l'existence d'une *fièvre tierce*, compliquant cette *pleuropneumonie*.

Le 17, je fis prendre un lavement fébrifuge qui fut gardé plusieurs heures ; je ne balançai même pas pour y ajouter trois prises de sulfate de quinine par la bouche. Dès le lendemain, tous les symptômes s'amendèrent ; la convalescence commença à s'établir franchement, et la guérison ne se fit pas long-temps attendre. Cet homme s'est marié depuis et se porte fort bien.

Observation XVIIe.

M. L...., prêtre, âgé de 73 ans, d'une constitution robuste, habituellement d'une santé excellente, sujet cependant, depuis quelques années, à des douleurs rhumatismales qui se portaient plus particulièrement sur les membres inférieurs, fit, le 15 décembre 1840, un voyage à pied par un temps froid et humide. Aussitôt des douleurs vagues apparurent dans les membres inférieurs, disparurent le lendemain pour se fixer au bas-ventre. Dès ce moment, se prononcèrent tous les symptômes d'une cystite : sensibilité et douleur profonde de l'hypogastre ; la moindre pression, exercée sur cette partie, y faisait éprouver des douleurs très-vives ; besoins d'uriner fréquents et douloureux ; enfin le malade ne pouvait plus uriner ; du moins, les urines ne venaient que goutte à goutte et après de pénibles efforts ; pouls plein : 88 pulsations ; langue blanche et sèche ; fièvre ardente ; figure animée ; transpiration d'une odeur urineuse très-prononcée. C'est dans cet état que je vis le malade à ma première visite du 23 décembre.

Sous l'influence d'une forte saignée de bras, dont le caillot fibrineux se couvrit aussitôt d'une couenne épaisse ; plus tard, une application de sangsues au périnée, une diète sévère, les demi-lavements, une boisson émolliente et des bains entiers ; la maladie semblait s'amender, lorsqu'au quatrième bain qui fut administré trop froid, tous les symptômes de la cystite reprirent toute leur intensité première. Dès lors se déclara une fièvre intermittente tierce, dont les accès, d'abord obscurs, aggravèrent les symptômes de l'inflammation de la vessie, et en rendirent le traitement plus difficile.

Le 30, les urines n'étaient rendues que par regorgement; la vessie était énormément distendue; il fut utile de se servir de la sonde; les bains étaient déjà supprimés; on frictionna le bas-ventre avec un liniment térébenthiné.

Le 3 janvier, M. le docteur Longy, habile praticien, neveu du malade, étant venu voir son oncle, resta convaincu avec moi, après trois jours d'observation, de la complication d'une fièvre intermittente. Nous prescrivîmes donc, pour chaque jour, 4 ou 5 cuillerées environ de vin de kina. A peu de jours de là, je n'eus aucune crainte d'employer deux lavements de 64 centigrammes de sulfate de quinine. La fièvre fut entièrement coupée; tous ces fébrifuges furent administrés sans inconvénient pour l'inflammation de la vessie, qui, dès ce moment, commença à perdre de son acuité, en revêtant toutefois la marche et les caractères du catarrhe chronique. Les urines devenaient de plus en plus épaisses, lactescentes et fétides. Obligé d'avoir toujours recours au cathétérisme, je profitai de cette occasion pour faire dans la vessie quelques injections, avec une décoction d'orge et de têtes de pavot. Si l'éloignement du malade ne m'avait pas empêché de pratiquer plus souvent ces injections que j'aurais peut-être modifiées, je crois que ce moyen aurait été d'un grand secours.

Le 5 février, les urines étaient plus claires, moins fétides, déposaient encore un peu dans le vase ; mais elles sortaient enfin sans l'usage de la sonde. Je prescrivis alors une dose progressive de térébenthine cuite de Venise, qui a été prise 15 jours environ. Dès ce moment, la guérison se confirma, et ne s'est pas encore démentie.

Je dis donc qu'il existe souvent dans nos pays de montagnes, et cela peut s'observer sous d'autres climats :

1° Des phlegmasies aiguës, compliquées de fièvre intermittente ;

2° Cette pyrexie, fièvre *larvée* de quelques observateurs contemporains, a pu apparaître avant ou après le développement de l'affection phlegmasique, ou bien son début a commencé pendant la durée ou le traitement de cette dernière ;

3° Les préparations de quinine sont heureusement administrées contre cette fièvre, en se réglant néanmoins aux modifications convenables que doivent y apporter le siége, l'intensité, etc., de l'inflammation principale ;

4° N'importe le type de cette fièvre concomitante et le moment de son apparition, l'affection inflammatoire ne s'amende ou ne marche vers une terminaison heureuse, qu'alors que cette fièvre intercurrente, souvent obscure et méconnue, a été victorieusement emportée.

Telles sont les propositions que j'essaierai de démontrer aussitôt que j'aurai recueilli des faits plus nombreux, et plus tôt encore, si mes bienveillants collègues, mes voisins, veulent bien me communiquer leurs observations pratiques sur ce point de thérapeutique, fruit de leur habile savoir et d'une longue expérience.

Decoux.

ERRATA.

Pages :	lignes :		
15,	3,	lisez *la*	au lieu de *a*.
ib.,	18,	— *la*	———— *a*.
24,	23,	— *dans*	———— *par*.
28,	3,	— *janvier*	———— *mars*.
39,	6,	— *présentaient*	———— *présentait*.
69,	16,	— *force*	———— *forme*.
72,	17,	— *injectée*	———— *infectée*.
74,	5,	— *du*	———— *d'un*.